城市轨道交通运营车辆系统岗位培训教材

城市轨道交通设备操作原理

丛书主编：张 辉 谭文举 柳 林
主 编：王 亮 于 深 唐宇斌 罗 敏
主 审：李 军 祁 勇

中国建筑工业出版社

图书在版编目（CIP）数据

城市轨道交通设备操作原理/张辉，谭文举，柳林丛书主编；王亮等分册主编. —北京：中国建筑工业出版社，2017.10
城市轨道交通运营车辆系统岗位培训教材
ISBN 978-7-112-20932-3

Ⅰ.①城… Ⅱ.①张…②谭…③柳…④王… Ⅲ.①城市铁路-交通运输工具-操作-岗位培训-教材 Ⅳ.①U239.5

中国版本图书馆 CIP 数据核字（2017）第 156013 号

本书共4章。分别是岗位简介；岗位基础、专业知识；岗位操作技能；安全生产及风险源、危险源防范等内容。本书根据城市轨道交通设备操作岗位标准和培训规范进行编写。本书是作者对我国城市轨道交通车辆系统的实践进行的较为科学、全面的总结，具有较强的实用性和操作性。
本书可作为城市轨道交通运营车辆系统岗位培训考试用书，也可作为运营管理部门、设计部门、科研单位和教育机构的参考书。

责任编辑：胡明安
责任校对：李欣慰　党　蕾

城市轨道交通运营车辆系统岗位培训教材
城市轨道交通设备操作原理
丛书主编　张　辉　谭文举　柳　林
主　编　王　亮　于　深　唐宇斌　罗　敏
主　审　李　军　祁　勇

*

中国建筑工业出版社出版、发行（北京海淀三里河路9号）
各地新华书店、建筑书店经销
霸州市顺浩图文科技发展有限公司制版
环球东方（北京）印务有限公司印刷

*

开本：850×1168 毫米　1/32　印张：8⅛　字数：224 千字
2017 年 9 月第一版　　2017 年 9 月第一次印刷
定价：**28.00 元**
ISBN 978-7-112-20932-3
（30569）

版权所有　翻印必究
如有印装质量问题，可寄本社退换
（邮政编码 100037）

本书编委会

丛书主编：张 辉 谭文举 柳 林

主　　编：王 亮 于 深 唐宇斌 罗 敏

主　　审：李 军 祁 勇

编　　委：（排名不分先后）

呂增顺 谢振华 秦小山 梁 乐 莫 程
李叙良 杨晓帆 赵磊通 李大洋 高大毛
李中涛 张平东 李燕艳 向伟彬 谭睿珂
刘光普 李军生 邱士正 张振东 韦庭三
旷文茂 黄禹阳 李玉献 何 君

参编单位：南宁轨道交通集团有限责任公司

中国建筑股份有限公司

序

目前，随着我国城市轨道交通事业的快速发展，城市轨道交通的运营、管理及安全已经摆到了首位。轨道交通系统一旦建成，就必须夜以继日地保持系统的安全和高效运营。城市轨道交通系统设备先进、结构复杂，高新技术应用越来越普及，要保障这样庞大系统的安全和高效，必须依靠与之相协调的高素质的人员。轨道交通行业职工素质的高低直接关系到企业的生存和发展。因此，企业必须拥有一支高素质的技术队伍，培养一批技术过硬、技艺精湛的能工巧匠，才能确保安全生产，提高工作效率，提升非正常情况下的应急应变能力。

岗位培训是人才培养的重要途径，是提高企业核心竞争力的重要手段，而岗位培训需要适合的培训教材，在对国内城市轨道交通行业进行广泛调研的基础上，推出了"城市轨道交通运营车辆系统岗位培训教材"，涉及城市轨道交通标准化作业教程、电客车驾驶、工程车驾驶、工程车检修技术、厂段调度、车辆系统功能与组成、车辆检修技术、设备维修技术、设备操作原理、运营安全管理等内容。

本套教材由南宁轨道交通集团和中国建筑股份有限公司组织从事城市轨道交通建设和运营管理的专家编写。在教材内容方面，力求实用技术和实际操作全面、完整，在注重实际操作的基础上，尽可能将理论问题讲解清楚，并在表达上能够深入浅出。本套丛书不仅是城市轨道交通工程运营专业人员的岗位培训、技能鉴定的培训教材，也可以作为城市轨道交通大中专院校、职业学校学生的教学参考用书。

相信该套培训教材，能在广泛吸收国内、外同行技术与管理经验的基础上,结合国内行业实际情况,为城市轨道交通车辆系统,提供一套完整而系统的参考读物,亦为我国城市轨道交通运营管理的基础理论和实用技术填补空白。

张 辉

前 言

近年来，我国城市化的进程一直在不断加快，城市交通的拥挤问题愈加突显，以往的传统地面交通已经无法适应城市客运发展的新需求。在这样的背景之下，具有运量大、无污染、速度快特点的地铁应运而生。地铁作为一种典型的城市轨道交通系统，被越来越多的大中城市列进了规划修建计划。

地铁车辆安全、准时和平稳运行是城市轨道交通发挥作用的关键。随着地铁行业的不断发展，越来越多的高新技术不断的运用到轨道交通行业中。不落轮镟床、列车清洗机、架车机等设备是保障地铁车辆检修工作顺利进行、车辆安全运行的重要设备，对提升车辆运行质量以及降低运行成本具有重要的意义。这都要求操作人员具有较高的技术技能和专业素养。对从业职工的岗位技能培训是提高操作人员技术技能和专业素养的重要途径。而目前市场上教材相对较少，因此编写一本关于设备操作人员的教材是非常重要的。

编者根据多年在地铁的工作经验，结合地铁行业自身的特点编写了这本教材。这本教材的内容从设备的原理知识到操作流程都进行了全方位的介绍，具有较强的实用性和可操作性，可供广大读者进行参考、交流、学习，也可作为轨道交通院校的教材与业内管理人员的培训教材。

本教材从原理到操作规程，从理论到操作的方式，由浅入深地向读者介绍了成为一名合格设备操作工所需要掌握的理论知识，也能让一位新的设备操作人员迅速的初步掌握一些基本操作技能。本教材对于建立一支具有较高技术技能和专业素养的团队以及建立一整套完善的技术保障体系都具有十分重要的意义。

本书在编写过程中得到了南宁轨道交通集团及运营分公司领导专家的大力支持，在此一并致谢。在成文过程中，也参考和引用了部分同行的相关成果，特向相关作者表示感谢。鉴于编者水平有限，书中纰漏和不足之处在所难免，恳请广大专家、读者批评指正！

目 录

1 岗位简介 ··· 1

  1.1 车辆中心及设备分中心简介 ·································· 1
    1.1.1 车辆中心简介 ··· 1
    1.1.2 设备分中心简介 ··· 1
  1.2 设备操作班简介 ·· 1
    1.2.1 设备操作班职责 ··· 1
    1.2.2 设备操作工岗位职责 ······································ 2

2 岗位基础、专业知识 ··· 3

  2.1 岗位基础知识 ·· 3
    2.1.1 常用机械传动基本概念及特点 ························· 3
    2.1.2 机械传动的工作原理 ······································ 9
    2.1.3 液压传动基础知识 ··· 19
    2.1.4 电工基础 ··· 80
    2.1.5 常用电工工具的使用方法 ······························· 95
  2.2 岗位专业知识 ·· 98
    2.2.1 不落轮镟床的功能和各组成部分的名称 ········ 98
    2.2.2 列车自动清洗机的功能和各组成部分的名称 ···· 120
    2.2.3 固定式架车机的功能和各组成部分名称 ········ 133

3 岗位操作技能 ·· 150

  3.1 不落轮镟床操作 ·· 150
    3.1.1 控制/操作面板功能介绍 ································ 150

  3.1.2 不落轮镟床基本操作方法 ·················· 160
 3.2 固定式架车机操作 ························ 165
  3.2.1 固定式架车机系统操作模式 ················ 165
  3.2.2 固定式架车机操作方法 ·················· 166
 3.3 列车自动清洗机操作 ························ 171
  3.3.1 控制/操作面板功能介绍 ·················· 171
  3.3.2 列车自动清洗机的基本操作方法 ············ 175
 3.4 通用设备的功能和各组成部分名称及操作规程 ······ 179
  3.4.1 除尘式砂轮机 ······················ 179
  3.4.2 台式钻床 ························ 181
  3.4.3 电焊机 ·························· 184
  3.4.4 移动式空压机 ······················ 189
  3.4.5 焊接烟尘净化器 ···················· 191
  3.4.6 SJY 液压升降平台 ···················· 193
 3.5 厂内机动车辆、起重机的功能和各组成部分名称及
   操作规程 ······························ 198
  3.5.1 蓄电池搬运车 ······················ 198
  3.5.2 蓄电池叉车 ······················ 204
  3.5.3 内燃叉车 ························ 212
  3.5.4 起重机 ·························· 220
 3.6 专用设备的功能和各组成部分名称及操作规程 ······ 225
  3.6.1 RTT-2000 公路、铁路两用车 ·············· 225
  3.6.2 移动式架车机 ······················ 234
  3.6.3 限界门 ·························· 237

4 安全生产及风险源、危险源防范 ················ 242

 4.1 安全用电基本知识、触电急救知识 ············ 242
 4.2 空气压缩机、压力容器安全注意事项 ············ 245
 4.3 起重机械安全操作注意事项 ·················· 247
 4.4 蓄电池叉车和内燃机叉车安全操作注意事项 ······ 248

1 岗位简介

1.1 车辆中心及设备分中心简介

1.1.1 车辆中心简介

车辆中心是运营分公司内负责对地铁车辆、工程车辆及相关检修设备进行维护检修的生产管理部门,主要负责地铁车辆的招标采购、合同谈判及设计联络,车辆段内所辖设备的维护保养和工程车的检修、维护和保养工作。其下设综合技术室、乘务分中心、检修分中心和设备分中心4个主要部门。

1.1.2 设备分中心简介

设备分中心主要负责工程车、不落轮镟床、列车自动清洗机及其他所辖设备的定期保养维修和临时故障处理工作;按生产计划,对电客车轮对进行镟修及尺寸测量;负责车辆中心各种生产所需零部件的机加工工作和部分非标设备的制造;负责所辖特种设备的定期保养维修和临时故障处理工作;负责备品备件、物料材料、工器具的出入库、库存、计划管理,开展故障件的维修工作,保障检修生产的有序开展。

1.2 设备操作班简介

1.2.1 设备操作班职责

设备操作班负责完成不落轮镟床、列车自动清洗机、固定式架车机、特种设备、专用设备及其他通用设备的操作、日常保养工作。配合做好设备的对外委托项目,并做好对外委托项目实施的过程监控和安全监控。

1.2.2 设备操作工岗位职责

(1) 贯彻执行公司、中心和分中心制定的规章制度、操作规程，消除工作场所的不安全因素，保障安全生产。

(2) 负责不落轮镟床、洗车机、固定式架车机及其他所辖设备的安全操作。

(3) 认真学习不落轮镟床、洗车机、固定式架车机及其他所辖设备操作规程和相关的知识。

(4) 编制设备救援预案，班组定期开展设备应急救援演练。

(5) 根据设备状态，制定、提报、组织、实施设备系统的技术改造。

(6) 负责对设备疑难故障、惯性故障的技术攻关，制定整改措施，并落实实施。

(7) 根据设备资产管理、技术资料管理、成本管理、材料管理等规定，落实、实施并建立各类生产台账。

(8) 根据工作需要，制定、提报、组织实施各对外委托项目；并做好对外委托项目实施的过程管理和安全监控。

(9) 认真履行各级安全类和技术类的培训工作，提升专业技能，达到岗位的技术要求。

(10) 负责设备备品备件、物料材料、工器具的计划、出入库和库存管理，以及开展工器具和备品备件的维护工作。

(11) 按"6S"管理的规章要求，负责打扫包保区域的环境卫生，确保生产场地简洁有序。

2 岗位基础、专业知识

2.1 岗位基础知识

2.1.1 常用机械传动基本概念及特点

1. 机械制图

（1）图样及图样的种类

工程技术上根据投影原理，并遵照国家标准和有关规定表示工程对象（如工程物体的形状、大小），并有必要的技术说明的图，称为图样。

不同性质的生产部门，对图样有不同的要求和名称，如机械图样、建筑图样、水利图样。用于表达机器、仪器等的图样，称为机械图样。

（2）正投影

当物体被光线照射后，在物体后面某个平面上就会出现一个形状相似的影子，该影子称为物体的投影，光线称为投影线，影子所在的平面称为投影面，投影线垂直于投影面得到的投影称为正投影。

（3）三视图及其之间的对应关系

物体在相互垂直的三个投影面中的正投影，即主视图、俯视图、左视图称为三视图。为了全面反映机件各方面的形状，通常是设置三个互相垂直的投影面，即所谓正面、水平面和侧面。

主视图：从前方向正面投影得到的视图。

俯视图：从上方向水平面投影得到的视图。

左视图：从左方向侧面投影得到的视图。

1) 三视图的位置关系

以主视图为准，俯视图在它的下面，左视图在它的右面。

2) 视图间的"三等"关系

从三视图的形成过程中，可以看出：主视图反映物体的长度（x）和高度（z）；俯视图反映物体的长度（x）和宽度（y）；左视图反映物体的高度（z）和宽度（y）。

由此归纳得出：主、俯视图长对正（等长）；主、左视图高平齐（等高）；俯、左视图宽相等（等宽）。

3) 视图与物体的方位关系

所谓方位关系，指的是以绘图（或看图）者面对正面（即主视图的投射方向）来观察物体为准，看物体的上、下、左、右、前、后6个方位在三视图中的对应关系。

主视图反映物体的上、下和左、右；俯视图反映物体的左、右和前、后；左视图反映物体的上、下和前、后。

(4) 机械制图规定的基本视图

物体除主、俯、左三面视图外，还有右视图、仰视图和后视图，统称为6个基本视图，相对主、俯、左三面视图而言有如下定义：

右视图：由物体的右面向左投影得到的视图；

仰视图：由物体的下面向上投影得到的视图；

后视图：由物体的后面向前投影得到的视图。

(5) 机械制图中尺寸标注的基本规则

1) 尺寸单位

图样中（包括技术要求和其他说明）的尺寸，以毫米为单位时，不需要标注计量单位，代号"毫米"或名称"mm"，如采用其他单位，则必须注明相应的计量单位的代号或名称。对于角度则以度、分、秒为单位。对于图样中某些与特定的符号一起注出的尺寸数值，应随同该特定符号一起标注而省略单位的代号或名称。

2) 最后完工尺寸

图样中所标注的尺寸均为图样所示机件的最后完工尺寸，如毛坯图中的尺寸为毛坯的最后完工尺寸；零件图中的尺寸为该零件在装配时的尺寸。至于为达到最后完工尺寸的要求，中间经过的各个工序的尺寸与此无关，否则应另加说明。

3）不重复标注尺寸

机件的每一尺寸一般只标注一次，并应标注在反映该结构最清晰的图形上。

4）尺寸配置合理

尺寸合理配置，不仅是为了加工和检验人员看图方便，也是为了保证产品质量和降低制造成本。

(6) 剖视图

为了清晰地表达机件的内部结构形状，假想用剖切面（平面或柱面）剖开机件，移去观察者与剖切面之间的部分，将其余部分向投影面投射所得的图形，称为剖视图。

(7) 剖视图的种类及绘制方法

按剖切平面剖开机件的范围不同，可分为全剖视图、半剖视图和局部剖视图。

2. 螺纹标记

由于螺纹的规定画法不能表示螺纹种类和螺纹要素，因此绘制螺纹图样时，必须按照国家标准所规定的格式和相应代号进行标注。

(1) 普通螺纹标记

普通螺纹完整标记由螺纹代号、螺纹公差带代号和旋合长度代号三部分组成，其规定格式如下：

螺纹特征代号：公称直径×螺距、旋向：中径公差带、顶径公差带：螺纹旋合长度。

螺纹代号由表示螺纹特征的字母 M、螺纹的尺寸（大径和螺距）、螺纹的旋向构成。

粗牙普通螺纹不标注螺距，LH 代表左旋，右旋螺纹不标注旋向。

公差带代号由中径公差带和顶径公差带（对外螺纹指大径公差带、对内螺纹指小径公差带）两组公差带组成。每组公差带代号又由表示公差等级的数字和表示公差带位置的字母组成。大写字母代表内螺纹，小写字母代表外螺纹。若两组公差带相同，则只写一组。

旋合长度分为短（S）、中（N）、长（L）三种旋合长度。一般情况下应采用中等旋合长度。若属于中等旋合长度时，不标注旋合长度代号。

例1：某粗牙普通外螺纹，大径为10mm，螺距为1mm，中径公差带为5g，大径公差带为6g，短旋合长度，标记为：M10-5g6g-S。

例2：某细牙普通内螺纹，大径为10mm，螺距为1mm，左旋，中径公差带为6H，小径公差带为6H，中等旋合长度，其标记：M10×1LH-6H。

（2）梯形和锯齿形螺纹标记

梯形和锯齿形螺纹的完整标记由螺纹代号、公差带代号和旋合长度代号三部分组成，其规定格式如下：

螺纹特征代号：公称直径×螺距或导程（多线）旋向－中径公差带－旋合长度。

梯形螺纹特征代号用T表示，锯齿形螺纹特征代号用B表示，左旋螺纹用LH表示，右旋螺纹不标注。两种螺纹只标注中径公差带，旋合长度只有中等旋合长度（N）和长旋合长度（L）两组，若为中等旋合长度则不标注。

需要注意的是：梯形螺纹的公称直径是指外螺纹大径。实际上内螺纹大径大于外螺纹大径，但标注内螺纹代号时要标注公称直径，即外螺纹大径D。

例3：某单线梯形外螺纹，大径为48mm，螺距为8mm右旋，中径公差带为7e，中等旋合长度，其标记为：T48×8-7e。

3. 零件图上注写的技术要求

零件图是表示零件结构、大小及技术要求的图样。

在零件图上要注写的技术要求有 5 项内容：(1) 表面粗糙度；(2) 尺寸公差；(3) 表面形状与位置公差；(4) 材料及热处理的要求；(5) 特殊加工要求，检验和试验的说明。

4. 公差

公差是最大极限尺寸减最小极限尺寸之差，或上偏差减下偏差之差。它是允许尺寸的变动量 ε。

公差表示一批零件尺寸允许变动的范围，这个范围大小的数量值就是公差值，所以它是绝对值，不是代数值，零公差、负公差的说法都是错误的。公差等于最大极限尺寸与最小极限尺寸代数差的绝对值。

5. 偏差、公差带

偏差是某一尺寸（实际尺寸、极限尺寸等）减其基本尺寸所得的代数差。偏差为代数差，可以为正值、负值或零，在进行计算时，必须带有正、负号。

公差带是上偏差和下偏差或最大极限尺寸和最小极限尺寸的两平行直线所限定的区域。它是由公差大小和其相对零线的位置，如基本偏差来确定。

6. 配合及其的种类

基本尺寸相同的、相互结合的孔和轴公差带之间的关系，称为配合。在孔与轴的配合中，孔的尺寸减去轴的尺寸所得之代数差，此差值为正时是间隙配合，以 X 表示；为负时是过盈配合，以 Y 表示；两者之间为过渡配合。

配合可分为间隙配合、过盈配合、过渡配合 3 种。

(1) 间隙配合

间隙配合是具有间隙（包括最小间隙等于零）的配合。此时，孔的公差带在轴的公差带之上。

(2) 过盈配合

过盈配合是具有过盈（包括最小过盈等于零）的配合。此时，孔的公差带在轴的公差带之下。

(3) 过渡配合

过渡配合是可能具有间隙或过盈的配合。此时，孔的公差带与轴的公差带相互交叠。过渡配合介于间隙配合与过盈配合之间。

7. 基孔制配合

基孔制是基本偏差为一定的孔的公差带与不同基本偏差的轴的公差带形成各种配合的一种制度。

在基孔制中，孔是基准件，称为基准孔；轴是非基准件，称为配合轴。基准孔的基本偏差为下偏差 E_1，且等于零，用 H 表示。基准孔与基本偏差为 $a\sim h$ 的轴相配合而形成间隙配合；与基本偏差为 $j\sim n$ 的轴相配合基本上为过渡配合；与基本偏差为 $p\sim zc$ 的轴目配合基本上为过盈配合。

8. 基轴制配合

基轴制是基本偏差为一定的轴的公差带与不同基本偏差的孔的公差带形成各种配合的一种制度。

在基轴制中，轴是基准件，称为基准轴；孔是非基准件，称为配合孔。基准轴的基本偏差为上偏差 es，且等于零，用 h 表示。基准轴与基本偏差为 $A\sim H$ 的孔相配合而形成间隙配合；与基本偏差为 $J\sim N$ 的孔相配合基本上为过渡配合；与基本偏差为 $P\sim ZC$ 的孔相配合基本上为过盈配合。

9. 公差等级

极限与配合制中，同一公差等级对所有基本尺寸的一组公差被认为具有同等精确程度称为公差等级。标准规定了 20 个公差等级，按公差增大的顺序排列分别为：IT01，IT0，IT1，IT2…IT17，IT18。IT01 精度最高，公差最小；IT18 精度最低，公差最大。公差等级大致代表各种加工方法的精度。

10. 位置公差

位置公差是关联实际被测要素对其具有确定方向或位置的理想要素的允许变动量；位置公差分为定向公差、定位公差和跳动公差。定向公差包含平行度、垂直度、倾斜度；定位公差包含同轴度、对称度、位置度；跳动公差包含圆跳动和全跳动。

11. 表面粗糙度

在零件的制造过程中，经切削、铸造、锻造等方法所形成的表面，都是有形状误差的，这些形状误差可分为表面粗糙度（微观形状误差）、表面波纹度（波度）、形状误差（宏观几何形状误差）。目前，虽然没有划分三者的标准，但通常都是按波距大小来区分：波距小于1mm的为表面粗糙度；波距在1～10mm之间的为表面波度；波距大于10mm的为形状误差。

2.1.2 机械传动的工作原理

1. 带传动

带传动由主动带轮、从动带轮和挠性带组成，借助带与带轮之间的摩擦或啮合，将主动轮1的运动传给从动轮2，如图2.1-1所示。

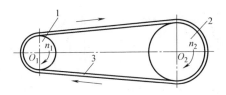

图 2.1-1 带传动示意图
1—主动轮；2—从动轮；3—挠性带

（1）带传动的类型

根据工作原理不同，带传动可分为摩擦带传动和啮合带传动两类。

1）摩擦带传动

摩擦带传动是依靠带与带轮之间的摩擦力传递运动的。按带的横截面形状不同可分为4种类型，如图2.1-2所示。

平带传动：平带的横截面为扁平矩形，如图2.1-2（a），内表面与轮缘接触为工作面。常用的平带有普通平带（胶帆布带）、皮革平带和棉布带等，在高速传动中常使用麻织带和丝织带。其中以普通平带应用最广。平带可适用于平行轴交叉传动和交错轴的半交叉传动。

V带传动：V带的横截面为梯形，两侧面为工作面，如图2.1-2（b），工作时V带与带轮槽两侧面接触，在同样压力 F_Q 的作用下，V带传动的摩擦力约为平带传动的3倍，故能传递较大的载荷。

多楔带传动：多楔带是若干V带的组合，如图2.1-2（c），可避免多根V带长度不等，传力不均的缺点。

圆形带传动：横截面为圆形，如图2.1-2（d），常用皮革或棉绳制成，只用于小功率传动。

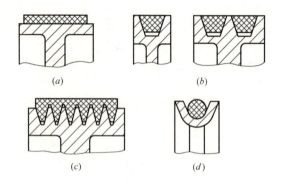

图2.1-2 带传动的类型

（a）平带传动；（b）V带传动；（c）多楔带传动；（d）圆形带传动

2）啮合带传动

啮合带传动依靠带轮上的齿与带上的齿或孔啮合传递运动。啮合带传动有两种类型，如图2.1-3所示。

同步齿形带传动：利用带的齿与带轮上的齿相啮合传递运动和动力，带与带轮间为啮合传动没有相对滑动，可保持主、从动轮线速度同步，如图2.1-3（a）。

齿孔带传动：带上的孔与轮上的齿相啮合，同样可避免带与带轮之间的相对滑动，使主、从动轮保持同步运动，如图2.1-3（b）。

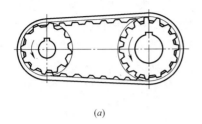 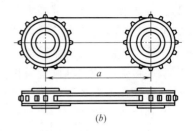

图 2.1-3 啮合带传动类型
(a) 同步齿形带传动;(b) 齿孔带传动

(2) 带传动的特点

摩擦带传动具有以下特点:

1) 结构简单,适宜用于两轴中心距较大的场合。

2) 胶带富有弹性,能缓冲吸振,传动平稳,无噪声。

3) 过载时可产生打滑、能防止薄弱零件的损坏,起安全保护作用。但不能保持准确的传动比。

4) 传动带需张紧在带轮上,对轴和轴承的压力较大。

5) 外廓尺寸大,传动效率低(一般 0.94～0.96)。

根据上述特点,带传动多用于:

① 中、小功率传动(通常不大于 100kW);

② 原动机输出轴的第一级传动(工作速度一般为 5～25 m/s);

③ 传动比要求不十分准确的机械。

(3) 带的弹性滑动和打滑

1) 弹性滑动

由于带传动存在紧边和松边,在紧边时带被弹性拉长,到松边时又产生收缩,引起带在轮上发生微小局部滑动,这种现象称为弹性滑动。

2) 打滑与极限有效拉力

当外载较小时,弹性滑动只发生在带即将由主、从动轮离开的一段弧上。传递外载增大时,有效拉力随之加大,弹性滑动区域也随之扩大,当有效拉力达到或超过某一极限值时,带与小带轮在整个接触弧上的摩擦力达到极限,若外载继续增加,带将沿整个接触弧滑动,这种现象称为打滑。此时主动轮还在转动,但从动轮转速急剧下降,带迅速磨损、发热而损坏,使传动失效,所以必须避免打滑。

带传动的主要失效形式有:

① 带在带轮上打滑,不能传递动力;

② 带发生疲劳破坏(经历一定应力循环次数后发生拉断、撕裂、脱层)。

(4) 带传动的张紧与调整

带传动的张紧程度对其传动能力、寿命和轴压力都有很大的影响。V带传动初拉力的测定可在带与带轮两切点中心加以垂直于带的载荷 G 使每100mm跨距产生1.6mm的挠度,此时传动带的初拉力 F_0 是合适的(即总挠度 $y = 1.6a/100$)。

带传动工作一段时间后会由于塑性变形而松弛,使初拉力减小、传动能力下降,此时在规定载荷作用下总挠度变大,需要重新张紧。常用张紧方法为调整中心距法。

1) 定期张紧。如图2.1-4所示,将装有带轮的电动机1装在滑道2上,旋转调节螺钉3以增大或减小中心距,从而达到张紧或松开的目的。图2.1-5为把电动机装在一摆动底座2上,通过调节螺钉3调节中心距达到张紧的目的。

2) 自动张紧。把电动机1装在如图2.1-6所示的摇摆架2上,利用电动机的自重,使电动机轴心绕铰点A摆动,拉大中心距,达到自动张紧的目的。

2. 链传动

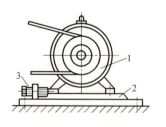

图2.1-4 水平传动定期张紧装置
1—电动机;2—滑道;
3—调节螺钉

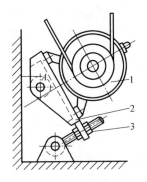 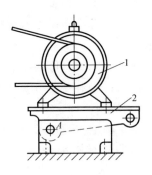

图 2.1-5 垂直传动定期张紧装置　　图 2.1-6 自动张紧装置
1—电动机；2—摆动底座；3—调节螺钉　　1—电动机；2—摇摆架

链传动是通过链条将具有特殊齿形的主动链轮的运动和动力传递到具有特殊齿形的从动链轮的一种传动方式（图 2.1-7）。

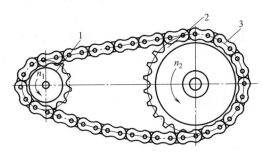

图 2.1-7　链传动
1—主动链轮；2—从动链轮；3—链条

(1) 链传动工作原理与特点

1) 工作原理：（至少）两轮间以链条为中间挠性元件的啮合来传递动力和运动。但非共轭曲线啮合，靠三段圆弧一直线啮合。其磨损、接触应力冲击较小，且易加工。

2) 组成：主、从动链轮、链条、封闭装置、润滑系统和张紧装置等。

3) 特点（与带、齿轮传动比较）

优点：①平均速比准确，无滑动；②结构紧凑，轴上压力小；③传动效率高；④承载能力高；⑤可传递远距离传动；⑥成本低。

缺点：①瞬时传动比不恒定；②传动不平衡；③传动时有噪声、冲击；④对安装精度要求较高。

4）应用

适于两轴相距较远，工作条件恶劣等，如农业机械、建筑机械、石油机械、采矿、起重、金属切削机床、摩托车、自行车等。

（2）链传动的失效形式

1）各元件的疲劳破坏（主要指链板、销轴、套筒、滚子）——正常润滑及速度主要失效形式；

2）链节磨损后伸长（主要是销轴铰链磨损），造成脱链，跳齿；

3）冲击破坏（反复起制动、反转或受重多冲击载荷时，动载荷大，经多次冲击，销轴、滚子、套筒最终产生冲击断裂，总循环次数 $N=10^4$）；

4）胶合（重载高速）（破坏——验算）：极限转速；

5）轮齿过度磨损；

6）过载拉断：塑性变形（当低速重载 $V<0.6m/s$，按静强度设计）。

（3）链传动的布置、张紧

1）布置

链传动只能布置在垂直平面内，不能布置在水平或倾斜平面内；

两轮中心线最好水平或水平面夹角小于 45°（尽量避免垂直传动）。

2）张紧：（方法不同于带）其目的不取决于工作能力，而会由垂度大小决定。

方法（如图 2.1-8 所示）：移动轮系，以增大中心距，如不能调时,也可用张紧轮;注意张紧轮应在靠近主动轮的从动边上。不带齿者可用夹布胶木制成。宽度比链轮约宽5mm,且直径应尽量与小轮直径相近。

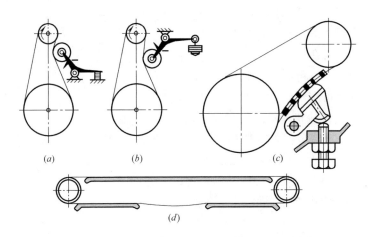

图 2.1-8 链传动的张紧方法
(a) 弹簧力施压;(b) 配重施压;(c) 螺钉施压;
(d) 用拖板控制垂度

(4) 润滑与防护

1) 润滑

润滑有利于缓冲、减小摩擦、降低磨损,润滑良好否对承载能力与寿命大有影响。链传动润滑方式根据使用工况的不同分为:人工定期、滴油润滑、油浴或飞溅润滑、压力喷油润滑。

2) 防护

封闭护罩:安全、环境清洁、防尘、减小噪声和润滑需要等。

设置有:油面槽示器、注油孔、排油孔等。

大功率、高速传动时采用落地式链条箱。

3. 齿轮传动

齿轮机构是由齿轮副组成的传递运动和动力的装置。

(1) 齿轮机构的特点和分类

1) 齿轮机构是机械中应用最广的传动机构之一，它的主要优点主要有下面几个方面：

① 适用的圆周速度和功率范围广；

② 传动效率高；

③ 传动比稳定；

④ 寿命长；

⑤ 工作可靠；

⑥ 可实现任意两轴之间的传动。

2) 齿轮机构缺点，主要表现在以下方面：

① 要求较高的制造和安装精度，成本较高；

② 不适宜远距离两轴之间的传动。

3) 齿轮按齿廓曲线分类，可以分为：

① 渐开线齿轮；

② 摆线齿轮。

4) 圆弧齿轮按照两轴的相对位置和齿向，齿轮机构可分为（图 2.1-9）：

① 平行轴齿轮机构

包括直齿轮圆柱齿轮机构、斜齿圆柱齿轮机构和人字齿轮机构。直齿、斜齿圆柱齿轮机构又分为外啮合齿轮机构、内啮合齿轮机构和齿轮与齿条机构，见图 2.1-9 (a), (b), (c), (d), (i)。

② 相交轴齿轮机构（圆锥齿轮机构）

包括直齿和曲齿圆锥齿轮机构，见图 2.1-9 (e), (f)。

③ 交错轴齿轮机构

包括交错轴斜齿轮机构和蜗杆蜗轮机构，见图 2.1-9 (g), (h)。

(2) 斜齿圆柱齿轮机构

1) 斜齿圆柱齿轮啮合特点

斜齿轮啮合传动时，齿廓曲面的接触线是与轴线倾斜的直线，接触线的长度是变化的，开始时接触线长度由短变长，然后由长变短，直至脱离啮合。这说明斜齿轮的啮合情况是沿着整个齿宽逐渐进入和退出啮合的，故与直齿圆柱齿轮相比，传动平

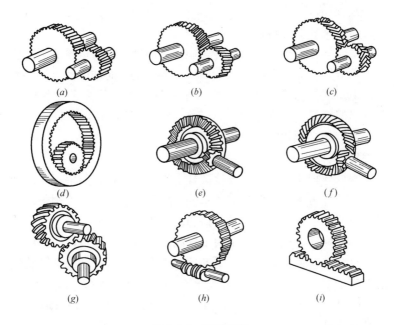

图 2.1-9 圆弧齿轮

稳,冲击和噪声小。

2)与直齿轮相比,斜齿轮具有以下优点:

齿廓接触线是斜线,轮齿是逐渐进入啮合和逐渐脱离啮合的,故运转平稳,冲击和噪声小。

重合度较大,并随齿宽和螺旋角的增大而增大。故承载能力较强,运转平稳,适于高速传动。

最少齿数小于直齿轮的最小齿数。

(3)圆锥齿轮机构

圆锥齿轮用于相交两轴之间的传动,其轮齿有直齿、曲齿等类型,直齿圆锥齿轮的设计、制造和安装均较简便,故应用最为广泛。圆锥齿轮的轮齿分布在圆锥面上,所以齿形从大端到小端逐渐缩小。和圆柱齿轮传动相似,一对圆锥齿轮的运动相当于一对节圆锥的纯滚动。除了节圆锥以外,圆锥齿轮还有分度圆锥、齿顶圆锥和基圆锥。

(4) 蜗杆蜗轮传动

蜗轮蜗杆正确啮合的条件：中间平面内蜗杆与蜗轮的模数和压力角分别相等，即蜗轮的端面模数等于蜗杆的轴面模数，且为标准值；蜗轮的端面压力角应等于蜗杆的轴面压力角且为标准值，当蜗轮蜗杆的交错角为90°时，还需保证，而且蜗轮与蜗杆螺旋线旋向必须相同。

1) 蜗杆相关参数

蜗杆导程角：是蜗杆分度圆柱上螺旋线的切线与蜗杆端面之间的夹角，与螺杆螺旋角的关系为，蜗轮的螺旋角，大则传动效率高，当小于啮合齿间当量摩擦角时，机构自锁。

引入蜗杆直径系数 q 是为了限制蜗轮滚刀的数目，使蜗杆分度圆直径进行了标准化 m 一定时，q 大则大，蜗杆轴的刚度及强度相应增大；一定时，q 小则导程角增大，传动效率相应提高。

蜗杆头数推荐值为1、2、4、6，当取小值时，其传动比大，且具有自锁性；当取大值时，传动效率高。与圆柱齿轮传动不同，蜗轮蜗杆机构传动比不等于蜗轮蜗杆的齿数比，蜗轮蜗杆的传动比等于蜗杆头数与蜗轮齿数的比值。

蜗轮蜗杆传动中蜗轮转向的判定方法，可根据啮合点处方向、方向（平行于螺旋线的切线）及应垂直于蜗轮轴线画速度矢量三角形来判定；也可用"右旋蜗杆左手握，左旋蜗杆右手握，四指拇指"来判定。

2) 蜗轮蜗杆的工作原理及作用

① 工作原理：蜗轮蜗杆传动的两轴是相互交叉垂直的；蜗杆可以看成为在圆柱体上沿着螺旋线绕有一个齿（单头）或几个齿（多头）的螺旋，蜗轮就像个斜齿轮，但它的齿包着蜗杆。在啮合时，蜗杆转一转，就带动蜗轮转过一个齿（单头蜗杆）或几个齿（多头蜗杆），因此蜗轮蜗杆传动的速比 i = 蜗杆的头数 Z_1/蜗轮的齿数 Z_2。

② 作用：(与齿轮传动相比) 优点：蜗轮蜗杆传动除了和齿

轮同样得到了广泛应用外，它解决了齿轮的降速比不能太大的矛盾；工作平稳，无噪声；蜗轮可以得到精确的很小的转动，因此蜗轮蜗杆传动常用来作分度用；能自锁：当蜗杆螺旋线升角小于$3°\sim6°$时，蜗轮蜗杆传动能自锁（即只能由蜗杆带动蜗轮，蜗轮不能带动蜗杆）。

③ 缺点：效率较低，一般为$0.7\sim0.9$；当降速比很大时，效率甚至在0.5以下；发热大，所以，工作时要求有良好的冷却和润滑条件；在较高速度下传递动力时，蜗轮常用较贵的有色金属（青铜）；蜗轮比齿轮制造困难。总之，在设计机器时，要根据使用要求，权衡利弊，正确合理地选用传动形式。

蜗轮蜗杆传动是齿轮传动的一种，通常所说的齿轮传动是一种方向一致的传动方式，而蜗轮蜗杆传动特指垂直方向的传动，一般常用于减速器或其他的一些需要垂直传动的地方。

④ 蜗杆传动特点：

a. 传动比大，结构紧凑；

b. 传动平稳，无噪声。因为蜗杆齿是连续不间断的螺旋齿，它与蜗轮齿啮合时是连续不断的，蜗杆齿没有进入和退出啮合的过程，因此工作平稳，冲击、振动、噪声小；

c. 具有自锁性。蜗杆的螺旋升角很小时，蜗杆只能带动蜗轮传动，而蜗轮不能带动蜗杆转动；

d. 蜗杆传动效率低；

e. 发热量大，齿面容易磨损，成本高。

2.1.3 液压传动基础知识

1. 液压基础知识

（1）液压传动的介绍

液压传动是用液体作为工作介质来传递能量和进行控制的传动方式。液压传动和气压传动并称为流体传动，是根据17世纪帕斯卡提出的液体静压力传动原理而发展起来的一门新兴技术，是工业生产中应用广泛的技术。在我们的生活中，随处可以见到液压技术的使用，液压传动有许多突出的优点，因此它的应用非常广泛,现在,液压系统被广泛地应用于汽车、工作机械、建设机械等方面。

(2) 液压传动的特点

1) 液压传动的优点

① 体积小、重量轻,因此惯性力较小,当突然过载或停车时,不会发生大的冲击;

② 能在给定范围内平稳的自动调节牵引速度,并可实现无级调速;

③ 换向容易,在不改变电动机旋转方向的情况下,可以较方便地实现工作机构旋转和直线往复运动的转换;

④ 液压泵和液压马达之间用油管连接,在空间布置上彼此不受严格限制;

⑤ 由于采用油液为工作介质,元件相对运动表面间能自行润滑,磨损小,使用寿命长;

⑥ 操纵控制简便,自动化程度高;

⑦ 容易实现过载保护。

2) 液压传动的缺点

① 液压传动对维护的要求高,液压油要始终保持清洁;

② 液压元件制造精度要求高,工艺复杂,成本较高;

③ 液压元件维修较复杂,且需有较高的技术水平;

④ 用油做工作介质,存在火灾隐患;

⑤ 传动效率低。

(3) 液压传动的基本原理

液压传动的基本原理是在密闭的容器内,利用有压力的油液作为工作介质来实现能量转换和传递动力的,也就是利用密封工作腔变化进行工作,通过液体介质的压力进行能量的转换和传递。其中的液体称为工作介质,一般为矿物油,它的作用和机械传动中的皮带、链条和齿轮等传动元件相类似。液压传动是利用帕斯卡原理,在密闭环境中,向液体施加一个力,这个液体会向各个方向传递这个力,且力的大小不变。液压传动就是利用这个物理性质，向一个物体施加一个力，利用帕斯卡原理使这个力变大，从而起到举起重物的效果。

(4) 液压传动的工作特性

1) 压力取决于负载。$P=F/A$，也就是说，没有负载就没有压力。

2) 速度取决于流量。$V=Q/A$。

(5) 液压系统的组成

液压系统一般由以下5个主要部分来组成。

1) 动力元件：提供给液压系统压力油，把机械能转换成液压能的装置。最常见的形式是液压泵。

2) 执行元件：把液压能转换成机械能的装置。其形式有作直线运动的液压缸，作回转运动的液压马达。

3) 控制元件：对系统中的压力、流量或流动方向进行控制或调节的装置。如溢流阀、节流阀、换向阀、开停阀等。

4) 辅助元件：上述3部分之外的其他装置，例如油箱，滤油器，油管等。它们保证系统正常工作是必不可少的。

5) 工作介质：传递能量的流体，如液压油等。

(6) 液压传动的主要参数

1) 压力：也就是单位面积上液体的作用力，用符号 P 表示。压力的单位：Pa（帕）　　$1Pa=1N/m^2$

$1MPa=10^6Pa=10bar$（巴），1bar 约等于 $1kg/cm^2$。

2) 流量：单位时间内通过某截面的液体体积。一般用 Q 或 q 表示。流量的单位：法定计量单位是 m^3/s（米^3/秒），常用单位：L/min（升/分）。

(7) 液压油的作用及性能要求

1) 作用

① 有效地传递能量和信号；

② 润滑运动零件，减少摩擦和磨损；

③ 在对偶运动副中提供支撑；

④ 吸收、运送和传递系统所产生的热量；

⑤ 防止腐蚀；
⑥ 传输、分离和沉淀系统中的非可溶性污染物质；
⑦ 为元件和系统的失效提供和传递诊断信息。

2) 性能要求

① 适当的黏度和良好的黏温特性

黏度过大将导致黏性阻力损失增加；温升大；泵的吸入性能变差，启动困难，甚至产生气蚀；控制灵敏度下降。黏度太低将使泄漏增加、容积效率降低；控制精度下降；液体润滑膜变薄，甚至无法形成液体润滑而使磨损加剧。

液压油可以通过添加黏度指数添加剂来提高黏度指数，改善黏温特性。如聚异丁烯、聚甲基丙烯酸酯等。

② 良好的抗磨性（润滑性）

抗磨性是一种与黏度无关，而是通过在油中加入添加剂以在摩擦副对偶面上形成油膜来达到减轻磨损的性能。黏度高不一定润滑性能好，如硅油，但是如黏度低则液体膜太薄不能覆盖表面粗糙度，抗磨性不好。

通过在液压油中添加油性添加剂（油酸、硫化鲸鱼油和硫化烯烃棉籽油等）和极压抗磨添加剂（含磷、硫、锌等物质，如二烷基二硫代磷酸锌、二硫化钼等，可以高温重载使用），使液压油在金属表面形成的物理或化学吸附膜，这种膜也叫边界膜，边界膜形成摩擦副之间的边界润滑，阻止直接接触，有利于减小摩擦和磨损。

③ 良好的氧化安定性和热安定性

氧化安定性是指油液耐氧化的能力。油液受到空气中的氧、水和金属物质等影响会氧化而生成有机酸和聚合物，液压油的颜色变深、酸值增加、黏度变化和生成沉淀物质（焦油），因此，液压油的腐蚀性增加，容易堵塞液压元件的小孔，加剧磨损。

热安定性是指油液在高温下抵抗化学反应和分解的能力。油液在高温下会加快裂解和聚合，金属表面还充当催化剂作用。所以液压油必须能耐受一定的高温，同时应避免在极高的温度下工作。

④ 良好的抗乳化性和水解稳定性

油液抵抗与水混合形成乳化液的能力叫抗乳化性。油液抵抗与水发生化学反应而分解的能力叫水解稳定性。

水是液压系统中的一种污染物,通过潮湿的空气从油箱的呼吸孔或油缸活塞杆回缩而带入系统。液压油有吸水性,吸水性取决于基础油的性能、添加剂和温度。经过激烈的搅动,油中的水很容易析出而与油形成乳化液,这时的水以微小的水珠分散相存在油中。水可导致腐蚀、加速油液变质、破坏油膜和降低液压油的润滑性。

⑤ 良好的抗泡性和空气释放性

液压油抵抗与空气结合形成泡沫的能力叫抗泡性。液压油释放分散在其中的空气的能力叫空气释放性。

空气可引起油液的弹性模降低、动态性能降低;同时可引起振动和噪声,最终导致润滑油膜断裂,加剧摩擦与磨损。

⑥ 良好的防锈蚀性

空气中的氧、水,以及各种添加剂与液压油发生氧化和分解所产生的酸性物质都可能对金属表面产生腐蚀,加剧磨损。

⑦ 与密封材料的相容性介质。

⑧ 与密封材料之间不发生相互损坏的现象。主要是指液压油与密封件接触后,不损坏密封件和降低密封件的密封性能。介质可能使密封材料溶胀、软化、硬化。

2. 常见液压元件介绍

(1) 液压泵

1) 定义

液压泵是一种动力元件,把机械能转换成液体压力能,依靠泵的密封工作腔容积的变化来实现吸油和压油的。

2) 分类

从结构上分为:柱塞泵、齿轮泵、叶片泵、螺杆泵;

从流量上分为:变量泵、定量泵;

3) 液压泵的主要性能和参数

工作压力 p：液压泵实际工作时的输出压力称为工作压力。工作压力大小取决于外负载的大小和排油管路上的压力损失，而与液压泵的流量无关。

额定压力 p_s：液压泵在正常工作条件下，按试验标准规定，连续运转中允许达到的最高压力称为液压泵的额定压力。

最高允许压力：在超过额定压力的条件下，根据试验标准规定，允许液压泵短暂运行的最高压力值，称为液压泵的最高允许压力，超过此压力，泵的泄漏会迅速增加。

4) 液压泵的排量和流量

排量 V：在没有泄漏的情况下，液压泵转过一转时所能输出的油液的体积。

理论流量 q_t：在不考虑泄漏的情况下，液压泵在单位时间内输出的油液体积。其大小与转速 n 和排量 V 有关，即 $q_t = V_n$。

实际流量 q：是指单位时间内实际输出的油液体积。

额定流量 q_s：是指在额定转速和额定压力下输出的流量。

5) 选用的原则

① 是否要求变量；
② 工作压力：柱塞泵额定压力最高；
③ 工作环境：齿轮泵抗污能力最好；
④ 噪声指标：双作用叶片泵较好；
⑤ 效率。

6) 液压泵的优点：

① 制造容易，工艺性好，价格便宜；
② 结构紧凑，体积小，重量轻；
③ 吸油能力较好，且能耐冲击性负载；
④ 转速范围大；
⑤ 抗污染能力强；
⑥ 便于维护和管理。

7) 液压泵的缺点：

① 轴承承受载荷大（径向力不易平衡）；
② 流量变化大；
③ 噪声大，效率低。

(2) 液压马达

1) 定义

液压马达是一种执行元件，液压马达的作用与泵相反，液压马达是将液压能转换为机械能的装置。

2) 分类

按其结构类型来分可分为：齿轮式、叶片式、柱塞式等其他形式。

按其额定转速来分可分为：高速、低速。

3) 液压马达的特点

① 高速液压马达的特点：转速高、转动惯量小，便于启动和制动，调速和换向灵敏度高。通常高速液压马达输出转矩不大（仅几十牛米到几百牛米），所以又称为高速小转矩马达，高速液压马达的基本形式有齿轮式、螺杆式、叶片式和轴向柱塞式等。

② 低速液压马达的特点：排量大、体积大、转速低（可达每分钟几转甚至零点几转）、输出转矩大（可达几千牛米到几万牛米），所以被称为低速大转矩液压马达，低速液压马达的基本形式是径向柱塞式。

4) 泵与马达结构上的差异

液压马达是使负载作连续、旋转的执行元件，其内部构造与液压泵类似，差别仅在于液压泵的旋转是由电动机带动，输出的是液压油；液压马达则是输入液压油，输出的是转矩和转速。因此，液压马达和液压泵在内部结构上存在一定的差别。

① 液压泵的吸油腔一般为真空，通常把进口做得比出口大；而液压马达的排油腔压力稍高于大气压力，进、出口尺寸相同。

② 液压泵在结构上须保证具有自吸能力，而液压马达则无此要求。

③ 液压马达需要正、反转，在内部结构上应具有对称性；而液压泵一般为单向旋转，其内部结构可以不对称。

④ 应保证液压马达的轴承结构形式及润滑方式能在高速状态正常工作；而液压泵转速高且变化小，无此苛刻要求。

⑤ 液压马达应有较大的启动扭矩。

5）液压马达的选用

① 适应主机工作情况要求。

② 对各类液压马达进行技术经济分析比较，选取适合的液压马达。

③ 所选的液压马达要有一定的能量储备，主要参数指标要比工作的稍大些。

(3) 液压缸

1）定义

液压缸是将液压能转变为机械能的、做直线往复运动或摆动运动的液压执行元件。

2）液压缸的分类

按结构形式，可分为活塞缸、柱塞缸、摆动缸和特殊缸4类。

按额定压力分为高压和超高压液压缸、中高压液压缸与中低压液压缸。

3）液压缸的基本结构

① 缸筒：缸筒是液压缸的主体零件，它与缸盖、活塞等零件构成密闭的容腔，推动活塞运动。

② 缸盖：缸盖装在液压缸两端，与缸筒构成紧密的油腔。通常有焊接、螺纹、螺栓、卡键和拉杆等多种连接方式，一般根据工作压力、油缸的连接方式及使用环境等因素选择。

③ 活塞杆：活塞杆是液压缸传递力的主要元件。

④ 活塞：活塞是将液压能转为机械能的主要元件，它的有效工作面积直接影响液压缸的作用力和运动速度。活塞与活塞杆连接有多种形式，常用的有卡环型、轴套型和螺母型等。

⑤ 导向套：导向套对活塞杆起导向和支撑作用，它要求配

合精度高、摩擦阻力小、耐磨性好，能承受活塞杆的压力、弯曲力以及冲击振动。内装有密封装置以保证缸筒的密封，外侧装有防尘圈，以防止杂质、灰尘和水分带到密封装置处，损坏密封。金属导向套一般采用摩擦系数小、耐磨性好的青铜、灰铸铁、球墨铸铁和氧化铸铁等；非金属导向套可采用聚四氟乙烯和聚三氟氯乙烯等。

⑥ 缓冲装置：活塞和活塞杆在压力的驱动下运动时具有很大的动量，当进入油缸的端盖和缸底部分时，会引起机械碰撞，产生很大的冲击压力和噪声。采用缓冲装置，就是为了避免这种碰撞。其工作原理是使缸筒低压腔内油液（全部或部分）通过节流把动能转换为热能，热能则由循环的油液带到液压缸外。缓冲装置的结构分为恒节流面积缓冲装置和变节流型缓冲装置两种。

4) 液压缸的主要参数

液压缸的主要参数包括压力、流量、尺寸规格、活塞行程、运动速度、推拉力、效率和液压缸功率等。

① 压力：压力是油液作用在单位面积上的压强。计算公式 $p=F/A$，即作用在活塞上的载荷除以活塞的有效工作面积。从上式可知，压力值的建立是由载荷的存在而产生的。在同一个活塞的有效工作面积上，载荷越大，克服载荷所需要的压力就越大。换句话说，如果活塞的有效工作面积一定，油液压力越大，活塞产生的作用力就越大。平常我们说的额定压力，是液压缸能以长期工作的压力。

② 流量：流量是单位时间内油液通过缸筒有效截面积的体积。计算公式：$Q=V/t=vA$，其中 V 表示液压缸活塞一次行程中所消耗的油液体积，t 表示液压缸活塞一次行程所需时间，v 表示活塞杆运动速度，A 表示活塞的有效工作面积。

③ 活塞行程：活塞行程指活塞往复运动时在两极之间走过的距离。一般在满足了油缸的稳定性要求后，按实际工作行程选取与其相近似的标准行程。

④ 活塞的运动速度：运动速度是单位时间内油液推动活塞

移动的距离,可表示为 $v=Q/A$。

⑤ 尺寸规格:尺寸规格主要包括缸筒的内外径、活塞直径、活塞杆直径和缸盖尺寸等,这些尺寸根据液压缸的使用环境、安装形式、所需提供的推拉力以及行程等来计算,设计和校核。

5) 液压缸的发展动态

随着液压技术的深入普及和应用领域、场合的日益扩大,对液压缸的工作性能、构造、使用范围、制造精度、外观、材料、试验方法都不断提出新的要求,因此不断推动着液压缸的发展和进步。其总的趋势为:

① 高压化、小型化。高压化是减少液压缸径向尺寸和减轻重量,并缩小整套液压装置体积的有效途径。

② 新材质、轻量化。随着高压化、小型化,液压缸使用环境的考验等,新材质、轻量化也成了解决办法之一。

③ 新颖结构复合化。为了适应液压缸应用范围的扩大,各种新颖结构的液压缸不断出现,如自控液压缸、自锁液压缸、钢缆式液压缸、蠕动式液压缸和复合化液压缸等。

④ 高性能、多品种。

⑤ 节能化与耐腐蚀。

(4) 液压阀

液压阀是液压系统中的控制元件,用来控制液压系统中的压力、流量及流动方向,从而使之满足各类执行元件不同的动作要求。

液压阀主要包括阀芯、阀体和驱动阀芯在阀体内做相对运动的装置。阀芯的主要形式有滑阀、锥阀和球阀;阀体上除有与阀芯配合的阀体孔和阀座孔外,还有外接油管的进、出油口;驱动阀芯在阀体内作相对运动的装置可以是手调机构,也可以是弹簧或电磁铁、液压力驱动。在工作原理上,液压阀是利用阀芯在阀体上的相对运动来控制阀口的通断及阀口的大小,以实现压力、流量和方向控制。

1) 溢流阀:通过阀口的溢流,使被控制系统或回路的压力维持恒定，实现稳压、调压或限压作用。根据工作原理和结构不同，分为直动式和先导式。

2）直动式溢流阀：压力油直接作用在阀芯的底部，达到设定压力后，油压将阀芯顶开，从回油口流回油箱。直接利用液体压力与弹簧力相平衡，以控制阀芯的启闭动作，从而保证进油口压力基本恒定。对于高压大流量的压力阀，要求调压弹簧具有很强的弹性，这样不仅使阀的调节性能变差，结构上也难以实现，因此不适合用于高压、大流量下工作。

3）减压阀：利用液体流过缝隙产生压力损失，使其出口压力低于进口压力的压力控制阀。减压阀由压力先导阀和主阀组成。出口压力油引至主阀芯上腔和先导阀前腔，当出口压力大于减压阀的调定压力时，先导阀开启，主阀芯上移，减压缝隙变小，这样才能起到减压作用并且能够保证出口压力为定值。

4）顺序阀：利用油液压力作为控制信号来控制油路的通断，从而控制多个执行元件的动作顺序。

5）单向阀：一种只允许液体沿一个方向通过，而反方向液体被截止的方向阀。

6）液控单向阀：可以用来实现逆向流动的单向阀。

7）换向阀：利用阀芯与阀体间相对位置的不同，来变换阀体上各主油口的通断关系，实现各油路连通、切断或改变液体方向的阀类。

8）节流阀：相当于一个可变节流口，借助控制机构使阀芯相对于阀体改变阀口的过流面积。

9）分流集流阀：用来保证多个执行元件速度同步的流量控制阀，又称为同步阀。它包括分流阀、集流阀和分流集流阀三种控制类型。

10）优先阀：当一个定量泵向多个工作执行机构供给压力油时，需优先保证主油路或关键动作元件。

3.常用液压图形符号

常用液压图形符号见表2.1-1～表2.1-10。

液压泵、液压马达和液压缸　　　表 2.1-1

名称		符号	说明
液压泵	液压泵		一般符号
	单向定量液压泵		单向旋转、单向流动、单向排量
	双向定量液压泵		双向旋转,双向流动,定排量
	单向变量液压泵		单向旋转,单向流动,变排量
	双向变量液压泵		双向旋转,双向流动,变排量
液压马达	液压马达		一般符号
	单向定量液压马达		单向流动,单向旋转
	定量液压马达		双向流动,双向旋转,定排量
	单向变量液压马达		单向流动,单向旋转,变排量

续表

名称		符号	说明
液压马达	双向变量液压马达		双向流动,双向旋转,变排量
	摆动马达		双向摆动,定角度
泵-马达	定量液压泵-马达		单向流动,单向旋转,定排量
	变量液压泵-马达		双向流动,双向旋转,变排量,外部泄油
	液压整体式传动装置		单向旋转,变排量泵,定排量马达
单作用缸	单活塞杆缸		详细符号
			简化符号
	单活塞杆缸(带弹簧复位)		详细符号
			简化符号

续表

名称		符号	说明
单作用缸	柱塞缸		
	伸缩缸		
双作用缸	单活塞杆缸		详细符号
			简化符号
	双活塞杆缸		详细符号
			简化符号
	不可调单向缓冲缸		详细符号
			简化符号
	可调单向缓冲缸		详细符号
			简化符号
	不可调双向缓冲缸		详细符号

续表

名称		符号	说明
双作用缸	不可调双向缓冲缸		简化符号
	可调双向缓冲缸		详细符号
			简化符号
	伸缩缸		
压力转换器	气-液转换器		单程作用
			连续作用
	增压器		单程作用
			连续作用
蓄能器	蓄能器		一般符号
	气体隔离式		

续表

名称		符号	说明
蓄能器	重锤式		
	弹簧式		
辅助气瓶			
气缸			
能量源	液压源		一般符号
	气压源		一般符号
	电动机		
	原动机		电动机除外

机械控制装置和控制方法　　　表 2.1-2

名称		符号	说明
机械控制件	直线运动的杆		箭头可省略
	旋转运动的轴		箭头可省略
	定位装置		
	锁定装置		*为开锁的控制方法
	弹跳机构		

续表

名称		符号	说明
机械控制方法	顶杆式		
	可变行程控制式		
	弹簧控制式		
	滚轮式		两个方向操作
	单向滚轮式		仅在一个方向上操作，箭头可省略
人力控制方法	人力控制		一般符号
	按钮式		
	拉钮式		
	按-拉式		
	手柄式		
	单向踏板式		
	双向踏板式		
直接压力控制方法	加压或卸压控制		
	差动控制		
	内部压力控制		控制通路夺元件内部

2 岗位基础、专业知识

续表

名称		符号	说明
直接压力控制方法	外部压力控制		控制通路在元件外部
先导压力控制方法	液压先导加压控制		内部压力控制
	液压先导加压控制		外部压力控制
	液压二级先导加压控制		内部压力控制,内部泄油
	气-液先导加压控制		气压外部控制、液压内部控制,外部泄油
	电-液先导加压控制		液压外部控制,内部泄油
	液压先导卸压控制		内部压力控制,内部泄油
			外部压力控制(带遥控泄放口)
	电-液先导控制		电磁铁控制、外部压力控制,外部泄油
	先导型压力控制阀		带压力调节弹簧,外部泄油,带遥控泄放口
	先导型比例电磁式压力控制阀		先导级由比例电磁铁控制,内部泄油

续表

名称		符号	说明
电气控制方法	单作用电磁铁		电气引线可省略,斜线也可向右下方
	双作用电磁铁		
	单作用可调电磁操作(比例电磁铁,力马达等)		
	双作用可调电磁操作(力矩马达等)		
	旋转运行电气控制装置		
反馈控制方法	反馈控制		一般符号
	电反馈		由电位器、差动变压器等检测位置
	内部机械反馈		如随动阀仿形控制回路等

压力控制阀　　　　　　表 2.1-3

名称		符号	说明
溢流阀	溢流阀		一般符号或直动型溢流阀
	先导型溢流阀		
	先导型电磁溢流阀		（常闭）
	直动式比例溢流阀		
	先导比例溢流阀		
	卸荷溢流阀		$p_2 > p_1$ 时卸荷
	双向溢流阀		直动式，外部泄油
减压阀	减压阀		一般符号或直动型减压阀
	先导型减压阀		

续表

名称		符号	说明
减压阀	溢流减压阀		
	先导型比例电磁式溢流减压阀		
	定比减压阀		减压比 1/3
	定差减压阀		
顺序阀	顺序阀		一般符号或直动型顺序阀
	先导型顺序阀		
	单向顺序阀（平衡阀）		
卸荷阀	卸荷阀		一般符号或直动型卸荷阀
	先导型电磁卸荷阀		$p_1 > p_2$

续表

名称		符号	说明
制动阀	双溢流制动阀		
	溢流油桥制动阀		

方向控制阀　　　　　　　　　表 2.1-4

名称		符号	说明
单向阀	单向阀		详细符号
			简化符号(弹簧可省略)
液压单向阀	液控单向阀		详细符号(控制压力关闭阀)
			简化符号
			详细符号(控制压力打开阀)
			简化符号(弹簧可省略)

续表

名称		符号	说明
液压单向阀	双液控单向阀		
梭阀	或门型		详细符号
			简化符号
换向阀	二位二通电磁阀		常断
			常通
	二位三通电磁阀		
	二位三通通电磁球阀		
	二位四通电磁阀		
	二位五通液动阀		

2 岗位基础、专业知识 | 41

续表

名称		符号	说明
换向阀	二位四通机动阀		
	三位四通电磁阀		
	三位四通电液阀		简化符号(内控外泄)
	三位六通手动阀		
	三位五通电磁阀		
	三位四通电液阀		外控内泄(带手动应急控制装置)
	三位四通比例阀		节流型,中位正遮盖
	三位四通比例阀		中位负遮盖
	二位四通比例阀		
	四通伺服		
	四通电液伺服阀		二级
			带电反馈三级

流量控制阀 表 2.1-5

名　称		符　号	说　明
节流阀	可调节流阀		详细符号
			简化符号
	不可调节流阀		一般符号
	单向节流阀		
	双单向节流阀		
	截止阀		
	滚轮控制节流阀（减速阀）		
调速阀	调速阀		详细符号
	调速阀		简化符号
	旁通型调速阀		简化符号

续表

名　称		符　号	说　明
调速阀	温度补偿型调速阀		简化符号
	单向调速阀		简化符号
同步阀	分流阀		
	单向分流阀		
	集流阀		
	分流集流阀		

油箱　　　　　　　　　　　　　　表 2.1-6

名　称		符　号	说　明
通大气式	管端在液面上		
	管端在液面下		带空气过滤器
油箱	管端在油箱底部		
	局部泄油或回油		
	加压油箱或密闭油箱		三条油路

流体调节器 表 2.1-7

名　称		符　号	说　明
过滤器	过滤器		一般符号
	带污染指示器的过滤器		
	磁性过滤器		
	带旁通阀的过滤器		
	双筒过滤器		p_1:进油 p_2:回油
空气过滤器			
温度调节器			
冷却器	冷却器		一般符号
	带冷却剂管路的冷却器		
回热器			一般符号

检测器、指示器　　　　　表 2.1-8

名　称		符　号	说　明
压力检测器	压力指示器		
	压力表(计)		
	电接点压力表 (压力显控器)		
	压差控制表		
	液位计		
流量检测器	检流计(液流指示器)		
	流量计		
	累计流量计		
	温度计		
	转速仪		
	转矩仪		

其他辅助元器件　　　　　表 2.1-9

名　称		符　号	说　明
压力继电器(压力开关)			详细符号
压力继电器(压力开关)			一般符号
行程开关			详细符号
行程开关			一般符号
联轴器	联轴器		一般符号
联轴器	弹性联轴器		
压差开关			
传感器	传感器		一般符号
传感器	压力传感器		
传感器	温度传感器		
放大器			

管路、管路接口和接头　　　　表 2.1-10

名　称		符　号	说　明
管路	管路	——————	压力管路 回油管路
	连接管路		两管路相交连接
	控制管路	- - - -	可表示泄油管路
快换接头	不带单向阀的快换接头		
	带单向阀的快换接头		
管路	交叉管路		两管路交叉不连接
	柔性管路		
	单向放气装置 （测压接头）		
旋转接头	单通路旋转接头		
	三通路旋转接头		

4. 常见液压故障的诊断与处理方法

（1）常见故障的诊断方法

液压设备是由机械、液压、电气等装置组合而成的，故出现的故障也是多种多样的。某一种故障现象可能由许多因素影响造成的，因此，分析液压故障必须能看懂液压系统原理图，对原理图中各个元件的作用有一个大体的了解，然后根据故障现象进行分析、判断，针对许多因素引起的故障原因需逐一分析，抓住主要矛盾，才能较好地解决和排除。液压系统中工作元件和管路中的流动情况，外界是很难了解的，所以给分析、诊断带来了较多困难，因此，要求必须具备较强分析判断故障的能力，在机械、液压、电气诸多复杂的关系中找出故障原因和部位并及时、准确加以排除。

1）简易故障诊断法

简易故障诊断法是目前采用最普遍的方法，它是靠维修人员凭个人的经验，利用简单仪表根据液压系统出现的故障，客观地采用问、看、听、摸、闻等方法了解系统工作情况，进行分析、诊断、确定产生故障的原因和部位，具体做法如下：

① 询问设备操作者，了解设备运行状况。其中包括：液压系统工作是否正常；液压泵有无异常现象；滤芯清洗和更换情况；发生故障前是否对液压元件进行了调节；是否更换过密封元件；故障前后液压系统出现过哪些不正常现象；过去该系统出现过什么故障，是如何排除的等，需逐一进行了解。

② 看液压系统工作的实际状况，观察系统压力、速度、油液、泄漏、振动等是否存在问题。

③ 听液压系统的声音，如：冲击声；泵的噪声及异常声；判断液压系统工作是否正常。

④ 摸温升、振动、爬行及连接处的松紧程度判定运动部件工作状态是否正常。

总之，简易诊断法只是一个简易的定性分析，对快速判断和排除故障，具有较广泛的实用性。

2）液压系统原理图分析法

根据液压系统原理图分析液压传动系统出现的故障，找出故障产生的部位及原因，并提出排除故障的方法。液压系统图分析法是目前工程技术人员应用最为普遍的方法，它要求人们对液压知识具有一定基础并能看懂液压系统图，掌握各图形符号所代表元件的名称、功能,对元件的原理、结构及性能也应有一定的了解,有这样的基础,结合动作循环表对照分析、判断故障就很容易了。所以认真学习液压基础知识,掌握液压原理图是故障诊断与排除最有力的助手,也是其他故障分析法的基础,必须认真掌握。

3)其他分析法

液压系统发生故障时,往往不能立即找出故障发生的部位和根源,为了避免盲目性,人们必须根据液压系统原理进行逻辑分析或采用因果分析等方法逐一排除,最后找出发生故障的部位,这就是用逻辑分析的方法查找出故障。

液压系统故障现象及原因、消除方法见表 2.1-11~表 2.1-26。

系统噪声、振动大的消除方法　　　　表 2.1-11

故障现象及原因	消除方法
泵中噪声、振动,引起管路、油箱共振	(1)在泵的进、出油口用软管连接; (2)泵不要装在油箱上,应将电动机和泵单独装在底座上,和油箱分开; (3)加大液压泵,降低电动机转数; (4)在泵的底座和油箱下面塞进防振材料; (5)选择低噪声泵,采用立式电动机将液压泵浸在油液中
阀弹簧所引起的系统共振	(1)改变弹簧的安装位置; (2)改变弹簧的刚度; (3)把溢流阀改成外部泄油形式; (4)采用遥控的溢流阀; (5)完全排出回路中的空气; (6)改变管道的长短、粗细、材质、厚度等; (7)增加管夹使管道不致振动; (8)在管道的某一部位装上节流阀
空气进入液压缸引起的振动	(1)很好地排出空气; (2)可对液压缸活塞、密封衬垫涂上二硫化钼润滑脂即可
管道内油流激烈流动的噪声	(1)加粗管道,使流速控制在允许范围内; (2)少用弯头,多采用曲率小的弯管; (3)采用胶管; (4)油流紊乱处不采用直角弯头或三通; (5)采用消声器、蓄能器等

续表

故障现象及原因	消除方法
油箱有共鸣声	(1)增厚箱板； (2)在侧板、底板上增设筋板； (3)改变回油管末端的形状或位置
阀换向产生的冲击噪声	(1)降低电液阀换向的控制压力； (2)在控制管路或回油管路上增设节流阀； (3)选用带先导卸荷功能的元件； (4)采用电气控制方法，使两个以上的阀不能同时换向
溢流阀、卸荷阀、液控单向阀、平衡阀等工作不良，引起的管道振动和噪声	(1)适当处装上节流阀； (2)改变外泄形式； (3)对回路进行改造； (4)增设管夹

系统压力不正常的消除方法　　表 2.1-12

故障现象及原因		消除方法
压力不足	溢流阀旁通阀损坏	修理或更换
	减压阀设定值太低	重新设定
	集成通道块设计有误	重新设计
	减压阀损坏	修理或更换
	泵、马达或缸损坏、内泄大	修理或更换
压力不稳定	油中混有空气	堵漏、加油、排气
	溢流阀磨损、弹簧刚性差	修理或更换
	油液污染、堵塞阀阻尼孔	清洗、换油
	蓄能器或充气阀失效	修理或更换
	泵、马达或缸磨损	修理或更换
压力过高	减压阀、溢流阀或卸荷阀设定值不对	重新设定
	变量机构不工作	修理或更换
	减压阀、溢流阀或卸荷阀堵塞或损坏	清洗或更换

系统动作不正常的消除方法　　　　表 2.1-13

故障现象及原因		消除方法
系统压力正常执行元件无动作	电磁阀中电磁铁有故障	排除或更换
	限位或顺序装置（机械式、电气式或液动式）不工作或调得不对	调整、修复或更换
	机械故障	排除
	没有指令信号	查找、修复
	放大器不工作或调得不对	调整、修复或更换
	阀不工作	调整、修复或更换
	缸或马达损坏	修复或更换
执行元件动作太慢	泵输出流量不足或系统泄漏太大	检查、修复或更换
	油液黏度太高或太低	检查、调整或更换
	阀的控制压力不够或阀内阻尼孔堵塞	清洗、调整
	外负载过大	检查、调整
	放大器失灵或调得不对	调整修复或更换
	阀芯卡涩	清洗、过滤或换油
	缸或马达磨损失重	修理或更换
动作不规则	压力不正常	见 5.3 节消除
	油中混有空气	加油、排气
	指令信号不稳定	查找、修复
	放大器失灵或调得不对	调整、修复或更换
	传感器反馈失灵	修理或更换
	阀芯卡涩	清洗、滤油
	缸或马达磨损或损坏	修理或更换

系统液压冲击大的消除方法　　　　表 2.1-14

现象及原因		消除方法
换向时产生冲击	换向时瞬时关闭、开启，造成动能或势能相互转换时产生的液压冲击	(1)延长换向时间； (2)设计带缓冲的阀芯； (3)加粗管径、缩短管路

续表

现象及原因		消除方法
液压缸在运动中突然被制动所产生的液压冲击	液压缸运动时,具有很大的动量和惯性,突然被制动,引起较大的压力增值故产生液压冲击	(1)液压缸进出油口处分别设置,反应快、灵敏度高的小型安全阀; (2)在满足驱动力时尽量减少系统工作压力,或适当提高系统背压; (3)液压缸附近安装囊式蓄能器
液压缸到达终点时产生的液压冲击	液压缸运动时产生的动量和惯性与缸体发生碰撞,引起的冲击	(1)在液压缸两端设缓冲装置; (2)液压缸进出油口处分别设置反应快、灵敏度高的小型溢流阀; (3)设置行程(开关)阀

系统油温过高的消除方法　　　表 2.1-15

故障现象及原因	消除方法
设定压力过高	适当调整压力
溢流阀、卸荷阀、压力继电器等卸荷回路的元件工作不良	改正各元件工作不正常状况
卸荷回路的元件调定值不适当,卸压时间短	重新调定,延长卸压时间
阀的漏损大,卸荷时间短	修理漏损大的阀,考虑不采用大规格阀
高压小流量、低压大流量时不要由溢流阀溢流	变更回路,采用卸荷阀、变量泵
因黏度低或泵有故障,增大了泵的内泄漏量,使泵壳温度升高	换油、修理、更换液压泵
油箱内油量不足	加油,加大油箱
油箱结构不合理	改进结构,使油箱周围温升均匀
蓄能器容量不足或有故障	换大蓄能器,修理蓄能器
需要安装冷却器,冷却器容量不足,冷却器有故障,进水阀门工作不良,水量不足,油温自动调节装置有故障	安装冷却器,加大冷却器,修理冷却器的故障,修理阀门,增加水量,修理调温装置
溢流阀遥控口节流过量,卸荷的剩余压力高	进行适当调整
管路的阻力大	采用适当的管径
附近热源影响,辐射热大	采用隔热材料反射板或变更布置场所;设置通风、冷却装置等,选用合适的工作油液

液压泵常见故障及处理　　　表 2.1-16

故障现象		原因分析	消除方法
泵不输油	泵不转	电动机轴未转动： (1)未接通电源； (2)电气线路及元件故障	检查电气并排除故障
		电动机发热跳闸： (1)溢流阀调压过高，超载荷后闷泵； (2)溢流阀阀芯卡死阀芯中心油孔堵塞或溢流阀阻尼孔堵塞造成超压不溢流； (3)泵出口单向阀装反或阀芯卡死而闷泵； (4)电动机故障	(1)调节溢流阀压力值； (2)检修阀芯； (3)检修单向阀； (4)检修或更换电动机
		泵轴或电动机轴上无连接键： (1)折断； (2)漏装	(1)更换键； (2)补装键
		泵内部滑动副卡死： (1)配合间隙太小； (2)零件精度差，装配质量差，齿轮与轴同轴度偏差太大，柱塞头部卡死，叶片垂直度差，转子摆差太大，转子槽有伤口或叶片有伤痕受力后断裂而卡死； (3)油液太脏； (4)油温过高使零件热变形； (5)泵的吸油腔进入脏物而卡死	(1)拆开检修，按要求选配间隙； (2)更换零件，重新装配，使配合间隙达到要求； (3)检查油质，过滤或更换油液； (4)检查冷却器的冷却效果，检查油箱油量并加油至油位线； (5)拆开清洗并在吸油口安装吸油过滤器
	泵反转	电动机转向不对： (1)电气线路接错； (2)泵体上旋向箭头错误	(1)纠正电气线路； (2)纠正泵体上旋向箭头
	泵轴仍可转动	泵轴内部折断： (1)轴质量差； (2)泵内滑动副卡死	检查原因，更换新轴

续表

故障现象		原因分析	消除方法
泵不输油	泵不吸油	(1)油箱油位过低； (2)吸油过滤器堵塞； (3)泵吸油管上阀门未打开； (4)泵或吸油管密封不严； (5)泵吸油高度超标准且吸油管细长并弯头太多； (6)吸油过滤器过滤精度太高，或通油面积太小； (7)油的黏度太高； (8)叶片泵叶片未伸出，或卡死； (9)叶片泵变量机构动作不灵，使偏心量为零； (10)柱塞泵变量机构失灵，如加工精度差，装配不良，配合间隙太小，泵内部摩擦阻力太大，伺服活塞、变量活塞及弹簧芯轴卡死，通向变量机构的个别油道有堵塞以及油液太脏，油温太高，使零件热变形等； (11)柱塞泵缸体与配油盘之间不密封(如柱塞泵中心弹簧折断)； (12)叶片泵配油盘与泵体之间不密封	(1)加油至油位线； (2)清洗滤芯或更换； (3)检查打开阀门； (4)检查和紧固接头处，紧固泵盖螺钉，在泵盖结合处和接头连接处涂上油脂，或先向泵吸油口灌油； (5)降低吸油高度，更换管子，减少弯头； (6)选择合的过滤精度，加大滤油器规格； (7)检查油的黏度，更换适宜的油液，冬季要检查加热器的效果； (8)拆开清洗，合理选配间隙，检查油质，过滤或更换油液； (9)更换或调整变量机构； (10)拆开检查，修配或更换零件，合理选配间隙；过滤或更换油液；检查冷却器效果；检查油箱内的油位并加至油位线； (11)更换弹簧； (12)拆开清洗重新装配

续表

故障现象	原因分析	消除方法
泵噪声大	吸空现象严重	(1)吸油过滤器有部分堵塞,吸油阻力大; (2)吸油管距油面较近; (3)吸油位置太高或油箱液位太低; (4)泵和吸油管口密封不严; (5)油的黏度过高; (6)泵的转速太高(使用不当); (7)吸油过滤器通过面积过小; (8)非自吸泵的辅助泵供油量不足或有故障; (9)油箱上空气过滤器堵塞; (10)泵轴油封失效	(1)清洗或更换过滤器; (2)适当加长调整吸油管长度或位置; (3)降低泵的安装高度或提高液位高度; (4)检查连接处和结合面的密封,并紧固; (5)检查油质,按要求选用油的黏度; (6)控制在最高转速以下; (7)更换通油面积大的滤器; (8)修理或更换辅助泵; (9)清洗或更换空气过滤器; (10)更换
	吸入气泡	(1)油液中溶解一定量的空气,在工作过程中又生成的气泡; (2)回油涡流强烈,生成泡沫; (3)管道内或泵壳内存有空气; (4)吸油管浸入油面的深度不够	(1)在油箱内增设隔板,将回油经过隔板消泡后再吸入,油液中加消泡剂; (2)吸油管与回油管要隔开一定距离,回油管口要插入油面以下; (3)进行空载运转,排除空气; (4)加长吸油管,往油箱中注油使其液面升高

续表

故障现象		原因分析	消除方法
泵噪声大	液压泵运转不良	(1)泵内轴承磨损严重或破损。 (2)泵内部零件破损或磨损： 1)定子环内表面磨损严重； 2)齿轮精度低,摆差大	(1)拆开清洗,更换。 (2): 1)更换定子圈； 2)研配修复或更换
	泵的结构因素	(1)卸荷槽设计不佳； (2)加工精度差； (3)变量泵变量机构工作不良(间隙过小,加工精度差,油液太脏等)； (4)双级叶片泵的压力分配阀工作不正常。(间隙过小,加工精度差,油液太脏等)	(1)改进设计,提高卸荷能力； (2)提高加工精度； (3)拆开清洗,修理,重新装配达到性能要求,过滤或更换油液 (4)拆开清洗,修理,重新装配达到性能要求,过滤或更换油液
	泵安装不良	(1)泵轴与电动机轴同轴度差； (2)联轴器安装不良,同轴度差,并有松动	(1)重新安装达到技术要求,同轴度一般应达到0.1mm以内； (2)重新安装达到技术要求,并用顶丝紧固联轴器
泵出油量不足	容积效率低	泵内部滑动零件磨损严重： (1)叶片泵配油盘端面磨损严重； (2)齿轮端面与测板磨损严重； (3)齿轮泵因轴承损坏使泵体孔,磨损严重； (4)柱塞泵柱塞与缸体孔磨损严重； (5)柱塞泵配油盘与缸体端面磨损严重	拆开清洗,修理和更换。 (1)研磨配油盘端面； (2)研磨修理或更换； (3)更换轴承并修理； (4)更换柱塞并配研到要求间隙,清洗后重新装配； (5)研磨两端面达到要求,清洗后重新装配
		泵装配不良： (1)定子与转子、柱塞与缸体、齿轮与泵体、齿轮与侧板之间的间隙太大； (2)叶片泵、齿轮泵泵盖上螺钉拧紧力矩不匀或有松动； (3)叶片和转子反装	(1)重新装配,按技术要求选配间隙； (2)重新拧紧螺钉并达到受力均匀； (3)纠正方向重新装配
		油的黏度过低(如用错油或油温过高)	更换油液,检查油温过高原因,提出降温措施

续表

故障现象		原因分析	消除方法
泵出油量不足	供油量不足	非自吸泵的辅助泵供油量不足或有故障	修理或更换辅助泵
	驱动机构功率过小	(1)电动机输出功率过小：1)设计不合理；2)电动机有故障。(2)机械驱动机构输出功率过小	(1)核算电动机功率,若不足应更换；(2)检查电动机并排除故障；(3)核算驱动功率并更换驱动机构
	泵排量选得过大或压力调得过高	造成驱动机构或电动机功率不足	重新计算匹配压力,流量和功率,使之合理
	油液过脏	个别叶片在转子槽内卡住或伸出困难	过滤或更换油液
	泵装配不良	(1)个别叶片在转子槽内间隙过大,造成高压油向低压腔流动；(2)个别叶片在转子槽内间隙过小,造成卡住或伸出困难；(3)个别柱塞与缸体孔配合间隙过大,造成漏油量大	(1)拆开清洗,修配或更换叶片,合理选配间隙；(2)修配,使叶片运动灵活；(3)修配后间隙达到要求
	供油量波动	非自吸泵的辅助泵有故障	修理或更换辅助泵
异常发热	装配不良	(1)间隙选配不当(如柱塞与缸体、叶片与转子槽、定子与转子、齿轮与侧板等配合间隙过小,造成滑动部件过热烧伤；(2)装配质量差,传动部分同轴度未达到技术要求,运转时有别劲现象；(3)轴承质量差,或装配时被打坏,或安装时未清洗干净,造成运转时别劲	(1)拆开清洗,测量间隙,重新配研达到规定间隙；(2)拆开清洗,重新装配,达到技术要求；(3)拆开检查,更换轴承,重新装配：1)安装好回油管；2)清洗管道；3)更换管子,减少管头

续表

故障现象		原因分析	消除方法
异常发热	油液质量差	(1)油液的黏-温特性差,黏度变化大; (2)油中含有大量水分造成润滑不良; (3)油液污染严重	(1)按规定选用液压油; (2)更换合格的油液清洗油箱内部; (3)更换油液
	管路故障	(1)泄油管压扁或堵死; (2)泄油管管径太细,不能满足排油要求; (3)吸油管径细,吸油阻力大	(1)清洗更换; (2)更改设计,更换管子; (3)加粗管径、减少弯头、降低吸油阻力
	受外界条件影响	外界热源高,散热条件差	清除外界影响,增设隔热措施
轴封漏油	安装不良	(1)密封件唇口装反。 (2)骨架弹簧脱落。 (3)轴的倒角不适当,密封唇口翻开,使弹簧脱落。 (4)装轴时不小心,使弹簧脱落。 (5)密封唇部粘有异物。 (6)密封唇口通过花键轴时被拉伤。 (7)油封装斜了: 1)沟槽内径尺寸太小; 2)沟槽倒角过小。 (8)装配时造成油封严重变形。 (9)密封唇翻卷: 1)轴倒角太小; 2)轴倒角处太粗糙	(1)拆下重新安装,拆装时不要损坏唇部若有变形或损伤应更换。 (2)按加工图纸要求重新加工。 (3)重新安装。 (4)取下清洗,重新装配。 (5)更换后重新安装: 1)检查沟槽尺寸,按规定重新加工; 2)按规定重新加工。 (6)检查沟槽尺寸及倒角。 (7)检查轴倒角尺寸和粗糙度,可用砂布打磨倒角处,装配时在轴倒角处涂上油脂

续表

故障现象		原因分析	消除方法
轴封漏油	轴和沟槽加工不良	(1)轴加工错误： 1)轴颈不适宜,使油封唇口部位磨损,发热； 2)轴倒角不合要求,使油封口拉伤,弹簧脱落； 3)轴颈外表有车削或磨削痕迹； 4)轴颈表面粗糙使油封唇边磨损加快。 (2)沟槽加工错误： 1)沟槽尺寸过小,使油封装斜； 2)沟槽尺寸过大,油从外周漏出； 3)沟槽表面有划伤或其他缺陷,油从外周漏出	(1) 1)检查尺寸,换轴。油封处的公差常用h8； 2)重新加工轴的倒角； 3)重新修磨,消除磨削痕迹； 4)重新加工达到图纸要求。 (2)更换泵盖,修配沟槽达到配合要求
	油封本身有缺陷	油封质量不好,不耐油或对液压油相容性差,变质、老化、失效造成漏油	更换相适应的油封橡胶件
	泄油孔被堵	泄油孔被堵后,泄油压力增加,造成密封口唇变形太大,接触面增加,摩擦产生热老化,使油封失效,引起漏油	清洗油孔,更换油封
	外接泄油管径过细或管道过长	泄油困难,泄油压力增加	适当增大管径或缩短泄油管长度
	未接泄油管	泄油管未打开或未接泄油管	打开螺塞接上泄油管

液压马达常见故障及处理　　表 2.1-17

故障现象		原因分析	消除方法
转速低转矩小	液压泵供油量不足	(1)电动机转速不够； (2)吸油过滤器滤网堵塞； (3)油箱中油量不足或吸油管径过小造成吸油困难； (4)密封不严,不泄漏,空气侵入内部； (5)油的黏度过大； (6)液压泵轴向及径向间隙过大,内泄增大	(1)找出原因,进行调整； (2)清洗或更换滤芯； (3)加足油量,适当加大管径,使吸油通畅； (4)拧紧有关接头,防止泄漏或空气侵入； (5)选择黏度小的油液； (6)适当修复液压泵

续表

故障现象		原因分析	消除方法
转速低转矩小	液压泵输出油压不足	(1)液压泵效率太低; (2)溢流阀调整压力不足或发生故障; (3)油管阻力过大(管道过长或过细); (4)油的黏度较小,内部泄漏较大	(1)检查液压泵故障,并加以排除; (2)检查溢流阀故障,排除后重新调高压力; (3)更换孔径较大的管道或尽量减少长度; (4)检查内泄漏部位的密封情况,更换油液或密封
	液压马达泄漏	(1)液压马达结合面没有拧紧或密封不好,有泄漏; (2)液压马达内部零件磨损,泄漏严重	(1)拧紧接合面检查密封情况或更换密封圈; (2)检查其损伤部位,并修磨或更换零件
	失效	配油盘的支承弹簧疲劳,失去作用	检查、更换支承弹簧
泄漏	内部泄漏	(1)配油盘磨损严重; (2)轴向间隙过大; (3)配油盘与缸体端面磨损,轴向间隙过大; (4)弹簧疲劳; (5)柱塞与缸体磨损严重	(1)检查配油盘接触面,并加以修复; (2)检查并将轴向间隙调至规定范围; (3)修磨缸体及配油盘端面; (4)更换弹簧; (5)研磨缸体孔、重配柱塞
	外部泄漏	(1)油端密封,磨损; (2)盖板处的密封圈损坏; (3)结合面有污物或螺栓未拧紧; (4)管接头密封不严	(1)更换密封圈并查明磨损原因; (2)更换密封圈; (3)检查、清除并拧紧螺栓; (4)拧紧管接头

故障现象	原因分析	消除方法
噪声	(1)密封不严,有空气侵入内部; (2)液压油被污染,有气泡混入; (3)联轴器不同心; (4)液压油黏度过大; (5)液压马达的径向尺寸严重磨损; (6)叶片已磨损; (7)叶片与定子接触不良,有冲撞现象; (8)定子磨损	(1)检查有关部位的密封,紧固各连接处; (2)更换清洁的液压油; (3)校正同心度; (4)更换黏度较小的油液; (5)修磨缸孔,重配柱塞; (6)尽可能修复或更换; (7)进行修整; (8)进行修复或更换。如因弹簧过硬造成磨损加剧,则应更换刚度较小的弹簧

液压缸常见故障及处理　　　　　　表 2:1-18

故障现象		原因分析	消除方法
活塞杆不能动作	压力不足	(1)油液未进入液压缸: 1)换向阀未换向; 2)系统未供油。 (2)虽有油,但没有压力: 1)系统有故障,主要是泵或溢流阀有故障; 2)内部泄漏严重,活塞与活塞杆松脱,密封件损坏严重。 (3)压力达不到规定值: 1)密封件老化、失效,密封圈唇口装反或有破损; 2)活塞环损坏; 3)系统调定压力过低; 4)压力调节阀有故障; 5)通过调整阀的流量过小,液压缸内泄漏量增大时,流量不足,造成压力不足	(1): 1)检查换向阀未换向的原因并排除; 2)检查液压泵和主要液压阀的故障原因并排除。 (2): 1)检查泵或溢流阀的故障原因并排除; 2)紧固活塞与活塞杆并更换密封件。 (3): 1)更换密封件,并正确安装; 2)更换活塞杆; 3)重新调整压力,直至达到要求值; 4)检查原因并排除; 5)调整阀的通过流量必须大于液压缸内泄漏量

续表

故障现象		原因分析	消除方法
活塞杆不能动作	压力已达到要求但仍不动作	(1)液压缸结构上的问题： 1)活塞端面与缸筒端面紧贴在一起，工作面积不足，故不能启动； 2)具有缓冲装置的缸筒上单向阀回路被活塞堵住。 (2)活塞杆移动"别劲"： 1)缸筒与活塞，导向套与活塞杆配合间隙过小； 2)活塞杆与夹布胶木导向套之间的配合间隙过小； 3)液压缸装配不良(如活塞杆、活塞和缸盖之间同轴度差液压缸与工作台平行度差)	(1)： 1)端面上要加一条通油槽，使工作液体迅速流进活塞的工作端面； 2)缸筒的进出油口位置应与活塞端面错开。 (2)： 1)检查配合间隙，并配研到规定值； 2)检查配合间隙，修刮导向套孔，达到要求的配合间隙； 3)重新装配和安装，不合格零件应更换、检查原因并消除
速度达不到规定值	内泄漏严重	(1)密封件破损严重； (2)油的黏度太低； (3)油温过高	(1)更换密封件； (2)更换适宜黏度的液压油； (3)检查原因并排除
	外载荷过大	(1)设计错误，选用压力过低； (2)工艺和使用错误，造成外载比预定值大	(1)核算后更换元件，调大工作压力； (2)按设备规定值使用
	活塞移动时"别劲"	(1)加工精度差，缸筒孔锥度和圆度超差。 (2)装配质量差： 1)活塞、活塞杆与缸盖之间同轴度差； 2)液压缸与工作台平行度差； 3)活塞杆与导向套配合间隙过小	(1)检查零件尺寸，更换无法修复的零件 (2)重新装配： 1)按照要求重新装配； 2)按照要求重新装配； 3)检查配合间隙，修刮导向套孔，达到要求的配合间隙
	脏物进入润滑部位	(1)油液过脏； (2)防尘圈破损； (3)装配时未清洗干净或带入脏物	(1)过滤或更换油液； (2)更换防尘圈； (3)拆开清洗，装配时要注意清洁

续表

故障现象		原因分析	消除方法
速度达不到规定值	活塞在端部行程时速度急剧下降	（1）缓冲调节阀的节流口调节过小，在进入缓冲行程时，活塞可能停止或速度急剧下降； （2）固定式缓冲装置中节流孔直径过小； （3）缸盖上固定式缓冲节流环与缓冲柱塞之间间隙过小	（1）缓冲节流阀的开口度要调节适宜，并能起到缓冲作用； （2）适当加大节流孔直径； （3）适当加大间隙
	活塞移动到中途发现速度变慢或停止	（1）缸筒内径加工精度差，表面粗糙，使内泄量增大； （2）缸壁胀大，当活塞通过增大部位时，内泄漏量增大	（1）修复或更换缸筒； （2）更换缸筒
	缸内进入空气	（1）新液压缸，修理后的液压缸或设备停机时间过长的缸，缸内有气或液压缸管道中排气未排净； （2）缸内部形成负压，从外部吸入空气； （3）从缸到换向阀之间管道的容积比液压缸内容积大得多，液压缸工作时，这段管道上油液未排完，所以空气也很难排净	（1）空载大行程往复运动，直到把空气排完； （2）先用油脂封住结合面和接头处，若吸空气情况有好转，则把紧固螺钉和接头拧紧； （3）可在靠近液压缸的管道中取高处加排气阀。拧开排气阀，活塞在全行程情况下运动多次，把气排完后再把排气阀关闭
缓冲装置故障	缓冲作用过度	（1）缓冲调节阀的节流口开口过小； （2）缓冲柱塞"别劲"（如柱塞头与缓冲环间隙太小，活塞倾斜或偏心）； （3）在柱塞头与缓冲环之间有脏物； （4）固定式缓冲装置柱塞头与衬套之间间隙太小	（1）将节流口调节到合适位置并紧固； （2）拆开清洗适当加大间隙，不合格的零件应更换； （3）修去毛刺和清洗干净； （4）适当加大间隙

续表

故障现象		原因分析	消除方法
缓冲装置故障	缓冲作用失灵	(1)缓冲调节阀处于全开状态； (2)惯性能量过大； (3)缓冲调节阀不能调节； (4)单向阀处于全开状态或单向阀阀座封闭不严； (5)活塞上密封件破损，当缓冲腔压力升高时，工作液体从此腔向工作压力一侧倒流，故活塞不减速； (6)柱塞头或衬套内表面上有伤痕； (7)镶在缸盖上的缓冲环脱落； (8)缓冲柱塞锥面长度和角度不适宜	(1)调节到合适位置并紧固； (2)应设计合适的缓冲机构； (3)修复或更换； (4)检查尺寸，更换锥阀芯或钢球，更换弹簧，并配研修复； (5)更换密封件； (6)修复或更换； (7)更换新缓冲环； (8)修正
	缓冲行程段出现"爬行"	(1)加工不良，如缸盖、活塞端面的垂直度不合要求，在全长上活塞与缸筒间隙不匀，缸盖与缸筒不同心。缸筒内径与缸盖中心线偏差大，活塞与螺母端面垂直度不合要求造成活塞杆挠曲等； (2)装配不良，如缓冲柱塞与缓冲环相配合的孔有偏心或倾斜等	(1)对每个零件均仔细检查，不合格的零件不准使用； (2)重新装配确保质量
有外泄漏	装配不良	(1)液压缸装配时端盖装偏，活塞杆与缸筒不同心，使活塞杆伸出困难，加速密封件磨损； (2)液压缸与工作台导轨面平行度差，使活塞伸出困难，加速密封件磨损； (3)密封件安装差错，如密封件划伤、切断，密封唇装反，唇口破损或轴倒角尺寸不对，密封件装错或漏装	(1)拆开检查，重新装配。 (2)拆开检查，重新安装，并更换密封件。 (3)更换并重新安装密封件； 1)重新安装； 2)重新安装，拧紧螺钉，使其受力均匀； 3)按螺孔深度合理选配螺钉长度

续表

故障现象		原因分析	消除方法
有外泄漏	密封件质量问题	(1)保管期太长,密封件自然老化失效; (2)保管不良,变形或损坏; (3)胶料性能差,不耐油或胶料与油液相容性差; (4)制品质量差,尺寸不对,公差不符合要求	更换
	活塞杆和沟槽加工质量差	(1)活塞杆表面粗糙,活塞杆头部倒角不符合要求或未倒角。 (2)沟槽尺寸及精度不符合要求: 1)设计图纸有错误; 2)沟槽尺寸加工不符合标准; 3)沟槽精度差,毛刺多	(1)表面粗糙度应为$Ra0.2\mu m$并按要求倒角。 (2)检查修正: 1)按有关标准设计沟槽; 2)检查尺寸,并修正到要求尺寸; 3)修正并去毛刺
	油的黏度过低	(1)用错了油品。 (2)油液中渗有其他牌号的油液	更换适宜的油液
	油温过高	(1)液压缸进油口阻力太大; (2)周围环境温度太高; (3)泵或冷却器等有故障	(1)检查进油口是否畅通; (2)采取隔热措施; (3)检查原因并排除
	高频振动	(1)紧固螺钉松动; (2)管接头松动; (3)安装位置产生移动	(1)应定期紧固螺钉; (2)应定期紧固接头; (3)应定期紧固安装螺钉
	活塞杆拉伤	(1)防尘圈老化、失效侵入砂粒、切屑等脏物。 (2)导向套与活塞杆之间的配合太紧,使活动表面产生过热,造成活塞杆表面铬层脱落而拉伤	(1)清洗更换防尘圈,修复活塞杆表面拉伤处。 (2)检查清洗,用刮刀修刮导向套内径,达到配合间隙

溢流阀常见故障及处理　　　　表 2.1-19

故障现象		原因分析	消除方法
调不上压力	主阀故障	(1)主阀芯阻尼孔堵塞(装配时主阀芯未清洗干净,油液过脏); (2)主阀芯在开启位置卡死(如零件精度低,装配质量差,油液过脏); (3)主阀芯复位弹簧折断或弯曲,使主阀芯不能复位	(1)清洗阻尼孔使之畅通;过滤或更换油液; (2)拆开检修,重新装配;阀盖紧固螺钉拧紧力要均匀;过滤或更换油液; (3)更换弹簧
	先导阀故障	(1)调压弹簧折断; (2)调压弹簧未装; (3)锥阀或钢球未装; (4)锥阀损坏	(1)更换弹簧; (2)补装; (3)补装; (4)更换
	远控口电磁阀故障或远控口未加丝堵而直通油箱	(1)电磁阀未通电(常开); (2)滑阀卡死; (3)电磁铁线圈烧毁或铁芯卡死; (4)电气线路故障	(1)检查电气线路接通电源; (2)检修、更换; (3)更换; (4)检修
	装错	进出油口安装错误	纠正
	液压泵故障	(1)滑动副之间间隙过大(如齿轮泵、柱塞泵); (2)叶片泵的多数叶片在转子槽内卡死; (3)叶片和转子方向装反	(1)修配间隙到适宜值; (2)清洗,修配间隙达到适宜值; (3)纠正方向
压力调不高	主阀故障（若主阀为锥阀）	(1)主阀芯锥面封闭性差: 1)主阀芯锥面磨损或不圆; 2)阀座锥面磨损或不圆; 3)锥阀处有脏物粘住; 4)主阀芯锥面与阀座锥面不同心; 5)主阀芯工作有卡滞现象,阀芯不能与阀座严密结合。 (2)主阀压盖处有泄漏(如密封垫损坏,装配不良,压盖螺钉有松动等)	(1)更换、清洗并配研: 1)更换并配研; 2)更换并配研; 3)清洗并配研; 4)修配使之结合良好; 5)修配使之结合良好。 (2)拆开检修,更换密封垫重新装配,并确保螺钉拧紧力均匀

续表

故障现象		原因分析	消除方法
压力调不高	先导阀故障	(1)调压弹簧弯曲,或太弱,或长度过短; (2)锥阀与阀座结合处封闭性差(如锥阀与阀座磨损,锥阀接触面不圆,接触面太宽进入脏物或被胶质粘住)	(1)更换弹簧; (2)检修更换清洗,使之达到要求
压力突然升高	主阀故障	主阀芯工作不灵敏,在关闭状态突然卡死(如零件加工精度低,装配质量差,油液过脏等)	检修,更换零件,过滤或更换油液
	先导阀故障	(1)先导阀阀芯与阀座结合面突然粘住,脱不开; (2)调压弹簧弯曲造成卡滞	(1)清洗修配或更换油液; (2)更换弹簧
压力突然下降	主阀故障	(1)主阀芯阻尼孔突然被堵死; (2)主阀芯工作不灵敏,在关闭状态突然卡死(如零件加工精度低,装配质量差,油液过脏等); (3)主阀盖处密封垫突然破损	(1)清洗,过滤或更换油液; (2)检修更换零件,过滤或更换油液; (3)更换密封件
	先导阀故障	(1)先导阀阀芯突然破裂; (2)调压弹簧突然折断	(1)更换阀芯; (2)更换弹簧
	远腔口电磁阀故障	电磁铁突然断电,使溢流阀卸荷	检查电气故障并消除
压力波动(不稳定)	主阀故障	(1)主阀芯动作不灵活,有时有卡住现象; (2)主阀芯阻尼孔有时堵时通; (3)主阀芯锥面与阀座锥面接触不良,磨损不均匀; (4)阻尼孔径太大,造成阻尼作用差	(1)检修更换零件,压盖螺钉拧紧力应均匀; (2)拆开清洗,检查油质,更换油液; (3)修配或更换零件; (4)适当缩小阻尼孔径
	先导阀故障	(1)调压弹簧弯曲; (2)锥阀与锥阀座接触不良,磨损不均匀; (3)调节压力的螺钉由于锁紧螺母松动而使压力变动	(1)更换弹簧; (2)修配或更换零件; (3)调压后应把锁紧螺母锁紧

续表

故障现象		原因分析	消除方法
振动与噪声	主阀故障	主阀芯在工作时径向力不平衡,导致性能不稳定： (1)阀体与主阀芯几何精度差,棱边有毛刺； (2)阀体内粘附有污物,使配合间隙增大或不均匀	(1)检查零件精度,对不符合要求的零件应更换,并把棱边毛刺去掉； (2)检查更换零件
	先导阀故障	(1)锥阀与阀座接触不良,圆周面的圆度不好,粗糙度数值大,造成调压弹簧受力不平衡,使锥阀振荡加剧,产生刺耳声响； (2)调压弹簧轴心线与端面不够垂直,这样针阀会倾斜,造成接触不均匀； (3)调压弹簧在定位杆上偏向一侧； (4)装配时阀座装偏； (5)调压弹簧侧向弯曲	(1)把封油面圆度误差控制在 0.005～0.01mm 以内； (2)提高锥阀精度,粗糙度应达 $Ra0.4\mu m$； (3)更换弹簧； (4)提高装配质量； (5)更换弹簧
	系统存在空气	泵吸入空气或系统存在空气	排除空气
	阀使用不当	通过流量超过允许值	在额定流量范围内使用
	回油不畅	回油管路阻力过高或回油过滤器堵塞或回油管贴近油箱底面	适当增大管径,减少弯头,回油管口应离油箱底面二倍管径以上,更换滤芯
	远控口管径选择不当	溢流阀远控口至电磁阀之间的管子通径不宜过大,过大会引起振动	一般管径取 6mm 较适宜

减压阀常见故障及处理　　　　表 2.1-20

故障现象		原因分析	消除方法
无二次压力	主阀故障	主阀芯在全闭位置卡死(如零件精度低);主阀弹簧折断、弯曲变形;阻尼孔堵塞	修理、更换零件和弹簧,过滤或更换油液
	无油源	未向减压阀供油	检查油路消除故障
不起减压作用	使用错误	泄油口不通: (1)旋塞未拧开; (2)泄油管细长,弯头多,阻力太大; (3)泄油管与主回油管道相连,回油背压太大; (4)泄油通道堵塞、不通	(1)将旋塞拧开; (2)更换符合要求的管子; (3)泄油管必须与回油管道分开,单独流回油箱; (4)清洗泄油通道
	主阀故障	主阀芯在全开位置时卡死(如零件精度低,油液过脏等)	修理、更换零件,检查油质,更换油液
	锥阀故障	调压弹簧太硬,弯曲并卡住不动	更换弹簧
二次压力不稳定	主阀故障	(1)主阀芯与阀体几何精度差,工作时不灵敏; (2)主阀弹簧太弱,变形或将主阀芯卡住,使阀芯移动困难; (3)阻尼小孔时堵时通	(1)检修,使其动作灵活; (2)更换弹簧; (3)清洗阻尼小孔
二次压力升不高	外泄漏	(1)顶盖结合面漏油,其原因如:密封件老化失效,螺钉松动或拧紧力矩不均; (2)各线堵处有漏油	(1)更换密封件,紧固螺钉并保证力矩均匀; (2)紧固并消除外漏
	锥阀故障	(1)锥阀与阀座接触不良; (2)调压弹簧太弱	(1)修理或更换; (2)更换

顺序阀常见故障及处理　　　　表 2.1-21

故障现象	原因分析	消除方法
始终出油，不起顺序阀作用	(1)阀芯在打开位置上卡死(如几何精度差、间隙太小、弹簧弯曲、断裂、油液太脏)； (2)单向阀在打开位置上卡死(如几何精度差、间隙太小、弹簧弯曲、断裂、油液太脏)； (3)单向阀密封不良(如几何度差)； (4)调压弹簧断裂； (5)调压弹簧漏装； (6)未装锥阀或钢球	(1)修理，使配合间隙达到要求，并使阀芯移动灵活；检查油质，若不符合要求应过滤或更换、更换弹簧； (2)修理，使配合间隙达到要求，并使单向阀芯移动灵活；检查油质，若不符合要求应过滤或更换、更换弹簧； (3)修理，使单向阀的密封良好； (4)更换弹簧； (5)补装弹簧； (6)补装
始终不出油，不起顺序阀作用	(1)阀芯在关闭位置上卡死(如几何精度差；弹簧弯曲；油脏)； (2)控制油液流动不畅通(如阻尼小孔堵死，或远控管道被压扁堵死)； (3)远控压力不足，或下端盖结合处漏油严重； (4)通向调压阀油路上的阻尼孔被堵死； (5)泄油管道中背压太高，使滑阀不能移动； (6)调节弹簧太硬，或压力调得太高	(1)修理，使滑阀移动灵活，更换弹簧；过滤或更换油液； (2)清洗或更换管道，过滤或更换油液； (3)提高控制压力，拧紧端盖螺钉并使之受力均匀； (4)清洗； (5)泄油管道不能接在回油管道上，应单独接回油箱； (6)更换弹簧，适当调整压力
调定压力值不符合要求	(1)调压弹簧调整不当； (2)调压弹簧侧向变形，最高压力调不上去； (3)滑阀卡死，移动困难	(1)重新调整所需要的压力； (2)更换弹簧； (3)检查滑阀的配合间隙，修配，使滑阀移动灵活；过滤或更换油液
振动与噪声	(1)回油阻力(背压)太高； (2)油温过高	(1)降低回油阻力； (2)控制油温在规定范围内
单向顺序阀反向不能回油	单向阀卡死打不开	检修单向阀

流量阀常见故障及处理　　　　　表 2.1-22

故障现象		原因分析	消除方法
调整节流阀手柄无流量变化	压力补偿阀不动作	压力补偿阀芯在关闭位置上卡死： (1)阀芯与阀套几何精度差间隙太小； (2)弹簧侧向弯曲、变形而使阀芯卡住； (3)弹簧太弱	(1)检查精度，修配间隙达到要求，移动灵活； (2)更换弹簧； (3)更换弹簧
	节流阀故障	(1)油液过脏，使节流口堵死； (2)手柄与节流阀芯装配位置不合适； (3)节流阀芯上连接失落或未装键； (4)节流阀芯因配合间隙过小或变形而卡死； (5)调节杆螺纹被脏物堵住造成调节不良	(1)检查油质，过滤油液； (2)检查原因，重新装配； (3)更换键或补装键； (4)清洗，修配间隙或更换零件； (5)拆开清洗
	系统未供油	换向阀阀芯未换向	检查原因并消除
执行元件运动速度不稳定（流量不稳定）	压力补偿阀故障	(1)压力补偿阀阀芯工作不灵敏： 1)阀芯有卡死现象； 2)补偿阀的阻尼小孔时堵时通； 3)弹簧侧向弯曲、变形，或弹簧端面与弹簧线不垂直。 (2)压力补偿阀芯在全开位置上卡死： 1)补偿阀阻尼小孔堵死； 2)阀芯与阀套几何精度差配合间隙过小； 3)弹簧侧向弯曲、变形而使阀芯卡住	(1)修配、清洗或更换： 1)修配，达到移动灵活； 2)清洗阻尼孔，若油液过脏应更换； 3)更换弹簧。 (2)清洗、修理或更换： 1)清洗阻尼孔，若油液过脏应更换； 2)修理达到移动灵活； 3)更换弹簧
	节流阀故障	(1)节流口处积有污物，造成时堵时通； (2)简式节流阀外载荷变化会引起流量变化	(1)拆开清洗，检查油质，若油质不合格，应更换； (2)对外载荷变化大的或要求执行元件运动速度非常平稳的系统，应改用调速阀

续表

故障现象	原因分析		消除方法
执行元件运动速度不稳定（流量不稳定）	油液品质劣化	(1)油温过高，造成通过节流口流量变化；(2)带有温度补偿的流量控制阀的补偿杆敏感性差，已损坏；(3)油液过脏，堵死节流口或阻尼孔	(1)检查温升原因，降低油温，并控制在要求范围内；(2)选用对温度敏感性强的材料做补偿杆，坏的应更换；(3)清洗,检查油质，不合格的应更换
	单向阀故障	在带单向阀的流量控制阀中，单向阀的密封性不好	研磨单向阀，提高密封性
	管路振动	(1)系统中有空气；(2)由于管路振动使调定的位置发生变化	(1)应将空气排净；(2)调整后用锁紧装置锁住
	泄漏	内泄和外泄使流量不稳定，造成执行元件工作速度不均匀	消除泄漏，或更换元件

电（液、磁）换向阀常见故障及处理　　表 2.1-23

故障现象	原因分析		消除方法
主阀芯不运动	电磁铁故障	(1)电磁铁线圈烧坏；(2)电磁铁推动力不足或漏磁；(3)电气线路出故障；(4)电磁铁未加上控制信号；(5)电磁铁铁芯卡死	(1)检查原因，进行修理或更换；(2)检查原因，进行修理或更换；(3)消除故障；(4)检查后加上控制信号；(5)检查或更换
	先导电磁阀故障	(1)阀芯与阀体孔卡死（如零件几何精度差；阀芯阀孔配合过紧；油液过脏）；(2)弹簧侧弯，使滑阀卡死	(1)修理配合间隙达到要求，使阀芯移动灵活；过滤或更换油液；(2)更换弹簧
	主阀芯卡死	(1)阀芯与阀体几何精度差；(2)阀芯与阀孔配合太紧；(3)阀芯表面有毛刺	(1)修理配合间隙达到要求；(2)修理配研间隙达到要求；(3)去毛刺，冲洗干净

续表

故障现象		原因分析	消除方法
主阀芯不运动	液控油路故障	(1)控制油路无油： 1)控制油路电磁阀未换向； 2)控制油路被堵塞。 (2)控制油路压力不足： 1)阀端盖处漏油； 2)滑阀排油腔一侧节流阀调节得过小或被堵死	(1)检修： 1)检查原因并消除； 2)检查清洗，并使控制油路畅通。 (2)检修： 1)拧紧端盖螺钉； 2)清洗节流阀并调整适宜
	油液变质或油温过高	(1)油液过脏，使阀芯卡死； (2)油温过高，使零件产生热变形，而产生卡死现象； (3)油温过高，油液中产生胶质，粘住阀芯而卡死； (4)油液黏度太高，使阀芯移动困难而卡住	(1)过滤或更换； (2)检查油温过高原因并消除； (3)清洗、消除油温过高； (4)更换适宜的油液
	安装不良	阀体变形 (1)安装螺钉拧紧力矩不均匀； (2)阀体上连接的管子别劲	(1)重新紧固螺钉，并使之受力均匀； (2)重新安装
	复位弹簧不符合要求	(1)弹簧力过大； (2)弹簧侧弯变形，致使阀芯卡死； (3)弹簧断裂不能复位	更换适宜的弹簧
阀芯换向后通过的流量不足	阀开口量不足	(1)电磁阀中推杆过短； (2)阀芯与阀体几何精度差，间隙过小，移动时有卡死现象，故不到位； (3)弹簧太弱，推力不足，使阀芯行程不到位	(1)更换适宜长度的推杆； (2)配研达到要求； (3)更换适宜的弹簧
压力降过大	阀参数选择不当	实际通过流量大于额定流量	应在额定范围内使用
液控换向阀阀芯换向速度不易调节	可调装置故障	(1)单向阀封闭性差； (2)节流阀加工精度差，不能调节最小流量； (3)排油腔阀盖处漏油； (4)针形节流阀调节性能差	(1)修理或更换； (2)修理或更换； (3)更换密封件，拧紧螺钉； (4)改用三角槽节流阀

续表

故障现象		原因分析	消除方法
电磁铁过热或线圈烧坏	电磁铁故障	(1)线圈绝缘不好； (2)电磁铁铁芯不合适,吸不住； (3)电压太低或不稳定	(1)更换； (2)更换； (3)电压的变化值应在额定电压的10%以内
	负荷变化	(1)换向压力超过规定； (2)换向流量超过规定； (3)回油口背压过高	(1)降低压力； (2)更换规格合适的电液换向阀； (3)调整背压使其在规定值内
	装配不良	电磁铁铁芯与阀芯轴线同轴度不良	重新装配,保证有良好的同轴度
电磁铁吸力不够	装配不良	(1)推杆过长； (2)电磁铁铁芯接触面不平或接触不良	(1)修磨推杆到适宜长度； (2)消除故障,重新装配达到要求
冲击与振动	换向冲击	(1)大通径电磁换向阀,因电磁铁规格大,吸合速度快而产生冲击； (2)液动换向阀,因控制流量过大,阀芯移动速度太快而产生冲击； (3)单向节流阀中的单向钢球漏装或钢球破碎,不起阻尼作用	(1)需要采用大通径换向阀时,应优先选用电液动换向阀； (2)调小节流阀节口减慢阀芯移动速度； (3)检修单向节流阀
	振动	固定电磁铁的螺钉松动	紧固螺钉,并加防松垫圈

多路换向阀常见故障及处理　　　表2.1-24

故障现象	原因分析	消除方法
压力波动及噪声	溢流阀弹簧侧弯或太软； 溢流阀阻尼孔堵塞； 单向阀关闭不严； 锥阀与阀座接触不良	更换弹簧； 清洗,使通道畅通； 修复或更换； 调整或更换
阀杆动作不灵活	复位弹簧和限位弹簧损坏； 轴用弹性挡圈损坏； 防尘密封圈过紧	更换损坏的弹簧； 更换弹性挡圈； 更换防尘密封圈
泄漏	锥阀与阀座接触不良； 双头螺钉未紧固	调整或更换； 按规定紧固

液控单向阀常见故障及处理　　　表 2.1-25

故障现象		原因分析	消除方法
反方向不密封有泄漏	单向阀不密封	(1)单向阀在全开位置上卡死： 1)阀芯与阀孔配合过紧； 2)弹簧侧弯、变形、太弱。 (2)单向阀锥面与阀座锥面接触不均匀： 1)阀芯锥面与阀座同轴度差； 2)阀芯外径与锥面不同心； 3)阀座外径与锥面不同心； 4)油液过脏。	(1)修理、更换： 1)修配,使阀芯移动灵活； 2)更换弹簧。 (2)修修或更换： 1)检修或更换； 2)检修或更换； 3)检修或更换； 4)过滤油液或更换
反向打不开	单向阀打不开	(1)控制压力过低； (2)控制管路接头漏油严重或管路弯曲,被压扁使油不畅通； (3)控制阀芯卡死(如加工精度低,油液过脏)； (4)控制阀端盖处漏油； (5)单向阀卡死(如弹簧弯曲;单向阀加工精度低;油液过脏)	(1)提高控制压力,使之达到要求值； (2)紧固接头,消除漏油或更换管子； (3)清洗,修配,使阀芯移动灵活； (4)紧固端盖螺钉,并保证拧紧力矩均匀； (5)清洗,修配,使阀芯移动灵活；更换弹簧;过滤或更换油液

压力继电器（压力开关）常见故障及处理　　　表 2.1-26

故障现象	原因分析	消除方法
无输出信号	(1)微动开关损坏； (2)电气线路故障； (3)阀芯卡死或阻尼孔堵死； (4)进油管路弯曲、变形,使油液流动不畅通； (5)调节弹簧太硬或压力调得过高； (6)与微动开关相接的触头未调整； (7)弹簧和顶杆装配不良,有卡滞现象	(1)更换微动开关； (2)检查原因,排除故障； (3)清洗,修配,达到要求； (4)更换管子,使油液流动畅通； (5)更换适宜的弹簧或按要求调节压力值； (6)精心调整,使接头接触良好； (7)重新装配,使动作灵敏

续表

故障现象	原因分析	消除方法
灵敏度太差	(1)顶杆柱销处摩擦力过大,或钢球与柱塞接触处摩擦力过大; (2)装配不良,动作不灵活或"别劲"; (3)微动开关接触行程太长; (4)调整螺钉、顶杆等调节不当; (5)钢球不圆; (6)阀芯移动不灵活; (7)安装不当,如不平和倾斜安装	(1)重新装配,使动作灵敏; (2)重新装配,使动作灵敏; (3)合理调整位置; (4)合理调整螺钉和顶杆位置; (5)更换钢球; (6)清洗、修理,达到灵活; (7)改为垂直或水平安装
发信号太快	(1)进油口阻尼孔大; (2)膜片碎裂; (3)系统冲击压力太大; (4)电气系统设计有误	(1)阻尼孔适当改小,或在控制管路上增设阻尼管(蛇形管); (2)更换膜片; (3)在控制管路上增设阻尼管,以减弱冲击压力; (4)按工艺要求设计电气系统

(2) 液压控制系统的安装、调试和故障处理要点

1) 液压控制系统的安装、调试

液压控制系统与液压传动系统的区别在于前者要求其液压执行机构的运动能够高精度地跟踪随机的控制信号的变化。液压控制系统多为闭环控制系统,因而就有系统稳定性、响应和精度的需要。为此,需要有机械-液压-电气一体化的电液伺服阀、伺服放大器、传感器,高清洁度的油和相应的管路布置。液压控制系统的安装、调试要点如下:

① 油箱内壁材料或涂料不应成为油液的污染源,液压控制系统的油箱材料最好采用不锈钢。

② 采用高精度的过滤器,根据电液伺服阀对过滤精度的要求,一般为 $5\sim10\mu m$。

③ 油箱及管路系统经过一般性的酸洗等处理过程后,注入

低黏度的液压油，进行无负荷循环冲洗。循环冲洗须注意以下几点：a. 冲洗前安装伺服阀的位置应用短路通道板代替；b. 冲洗过程中过滤器阻塞较快，应及时检查和更换；c. 冲洗过程中定时提取油样，用污染测定仪器进行污染测定并记录，直至冲洗合格为止；d. 冲洗合格后放出全部清洗油，通过精密过滤器向油箱注入合格的液压油。

④ 为了保证液压控制系统在运行过程中有更好的净化功能，最好增设低压自循环清洗回路。

⑤ 电液伺服阀的安装位置尽可能靠近液压执行元件，伺服阀与执行元件之间尽可能少用软管，这些都是为了提高系统的频率响应。

⑥ 电液伺服阀是机械、液压和电气一体化的精密产品，安装、调试前必须具备有关的基本知识，特别是要详细阅读、理解产品样本和说明书。注意以下几点：a. 安装的伺服阀的型号与设计要求是否相符，出厂时的伺服阀动、静态性能测试资料是否完整；b. 伺服放大器的型号和技术数据是否符合设计要求，其可调节的参数要与所使用的伺服阀匹配；c. 检查电液伺服阀的控制线圈连接方式，串联、并联或差动连接方式，哪一种符合设计要求；d. 反馈传感器（如位移，力，速度等传感器）的型号和连接方式是否符合设计需要，特别要注意传感器的精度，它直接影响系统的控制精度；e. 检查液压油压力和稳定性是否符合设计要求，如果系统有蓄能器，需检查充气压力。

⑦ 液压控制系统采用的液压缸应是低摩擦力液压缸，安装前应测定其最低启动压力，作为日后检查液压缸的根据。

⑧ 液压控制系统正式运行前应仔细排除气体，否则对系统的稳定性和刚度都有较大的影响。

⑨ 液压控制系统正式使用前应进行系统调试，可按以下几点进行：a. 零位调整，包括伺服阀的调零及伺服放大器的调零，为了调整系统零位，有时加入偏置电压；b. 系统静态测试，测定被控参数与指令信号的静态关系，调整合理的放大倍数，通常

放大倍数愈大静态误差愈小，控制精度愈高，但容易造成系统不稳定；c. 系统的动态测试，采用动态测试仪器，通常需测出系统稳定性，频率响应及误差，确定是否能满足设计要求。系统动、静态测试记录可作为日后系统运行状况评估的根据。

⑩ 液压控制系统投入运行后应定期检查以下记录数据：油温，油压，油液污染程度；运行稳定情况，执行机构的零偏情况，执行元件对信号的跟踪情况。

液压控制系统的故障处理见表 2.1-27。

液压控制系统的故障处理 表 2.1-27

液压控制系统的故障现象	故障排除方法
控制信号输入系统后执行元件不动作	(1)检查系统油压是否正常,判断液压泵、溢流阀工作情况； (2)检查执行元件是否有卡锁现象； (3)检查伺服放大器的输入、输出电信号是否正常,判断其工作情况； (4)检查电液伺服阀的电信号有输入和有变化时，液压输出是否正常，用以判断电液伺服阀是否正常。伺服阀故障一般应由生产厂家处理
控制信号输入系统后执行元件向某一方向运动到底	(1)检查传感器是否接入系统； (2)检查传感器的输出信号与伺服放大器是否误接成正反馈； (3)检查伺服阀可能出现的内部反馈故障
执行元件零位不准确	(1)检查伺服阀的调零偏置信号是否调节正常； (2)检查伺服阀调零是否正常； (3)检查伺服阀的颤振信号是否调节正常
执行元件出现振荡	(1)检查伺服放大器的放大倍数是否调得过高； (2)检查传感器的输出信号是否正常； (3)检查系统油压是否太高
执行元件跟不上输入信号的变化	(1)检查伺服放大器的放大倍数是否调得过低； (2)检查系统油压是否太低； (3)检查执行元件和运动机构之间游隙太大
执行机构出现爬行现象	(1)油路中气体没有排尽； (2)运动部件的摩擦力过大； (3)油源压力不够

2.1.4 电工基础

本节将介绍电路和电路模型的概念、理想电路元件及其伏安特性、电路中的基本物理量和基本定律。着重讨论电流和电压的参考方向、基尔霍夫定律及电路等效原理等。

1. 电路和电路模型

(1) 实际电路及其基本功能

人们在生产和生活中使用的电器设备如：电动机、电视机、计算机等都是由实际电路构成。实际电路的结构组成包括：电源、负载和中间环节。其中电源的作用是为电路提供能量，如发电机利用机械能或核能转化为电能，蓄电池利用化学能转化为电能，光电池利用光能转化为电能等；负载则将电能转化为其他形式的能量加以利用，如电动机将电能转化为机械能，电炉将电能转化为热能等；中间环节用作电源和负载的连接体，包括导线、开关、控制线路中的保护设备等。

在电力系统、电子通信、自动控制、计算机以及其他各类系统中，电路有着不同的功能和作用。电路的作用可以概括为以下两个方面：一是实现电能的传输和转换，将电能转化为光能和热能等，二是实现信号的传递和处理。

(2) 理想电路元件和电路模型

实际电路由各种作用不同的电路元件或器件所组成。实际电路元件种类繁多，且电磁性质较为复杂。为便于对实际电路进行分析和数学描述，需将实际电路元件用能够代表其主要电磁特性的理想电路元件或它们的组合来表示。理想电路元件是指只反映某一个物理过程的电路元件，包括电阻、电感、电容、电源等。如图 2.1-10 是电工技术中经常用到的三种理想电路元件的电路符号。

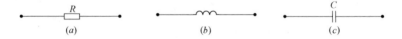

图 2.1-10　三种理想电路元件的电路符号

(a) 电阻元件 R；(b) 电感元件 L；(c) 电容元件 C

由理想元件所组成的电路称为实际电路的电路模型，如图 2.1-11 中的白炽灯照明电路的电路模型。

2. 电路的基本物理量

在分析各种电路之前，我们先来介绍电路中的基本物理量包括电流、电压和功率及其相关的概念。

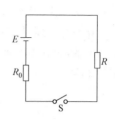

图 2.1-11　白炽灯照明电路

（1）电流及其参考方向

电荷的定向移动形成电流。在电场的作用下，正电荷与负电荷向不同的方向移动，习惯上规定正电荷的移动方向为电流的方向（事实上，金属导体内的电流是由带负电的电子的定向移动产生的）。

电流的参考方向：是一种任意的选定的方向，当 $i>0$ 时参考方向与实际方向一致，当 $i<0$ 时参考方向与实际方向相反（图 2.1-12）。

图 2.1-12　电流的参考方向

图 2.1-13（a）中参考方向下，通过元件 A 的电流为 3A，说明实际电流的大小为 3A，方向（如虚箭头所示）与参考方向相同。图 2.1-13（b）中参考方向下，通过元件 B 的电流为 2A，说明实际电流的大小为 2A，方向与参考方向相反。

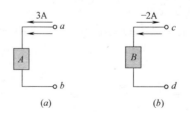

图 2.1-13　参考方向下的电流
(a) 电流为正值；(b) 电流为负值

(2) 电压及其参考方向

电压也称电位差（或电势差），定义为电场力将单位正电荷由点 a 移动到点 b 所做的功。电路中 a、b 两点间的电压用 u_{ab} 表示，如图 2.1-14，即：

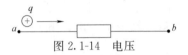

图 2.1-14　电压

电压的参考方向：是一种任意的选定的方向，当 $u>0$ 时参考方向与实际方向一致，当 $u<0$ 时参考方向与实际方向相反。

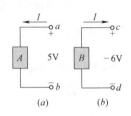

图 2.1-15　参考方向下的电压

(a) 关联方向；
(b) 非关联方向

图 2.1-15（a）中参考方向下，元件 A 两端的电压为 5V，表示元件 A 两端实际电压的大小为 5V，方向由 a 到 b，与参考方向相同。图 2.1-15（b）中参考方向下，元件 B 两端的电压为 $-$6V，表示元件 B 两端实际电压的大小为 6V，方向由 d 到 c，与参考方向相反。

如果不特别指出，书中电路图上所标明的电流和电压方向都为参考方向。当电流、电压的参考方向一致时，称为关联方向，见图 2.1-15（a）；否则为非关联方向，见图 2.1-15（a）。

3. 电压源和电流源

独立电源指电源输出的电压（电流）仅由独立电源本身性质决定与电路中其余部分的电压（电流）无关。

分类 $\begin{cases} 电压源 \\ 电流源 \end{cases}$

(1) 电压源

1) 理想电压源：若一个二端元件输出电压恒定则称为理想电压源。

① 电路符号（图 2.1-16）
② 基本性质
输出电压恒定，和外电路无关；
其流过的电流由外电路决定。

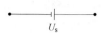

图 2.1-16 电压源电路符号

$$I=\frac{U_s}{R}=\frac{U}{R}$$

③ 伏安曲线（图 2.1-17）

2) 实际电压源

若一个二端元件所输出的电压随流过它的电流而变化就称为实际电流源。

① 电路模型（图 2.1-18）

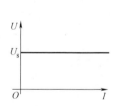

图 2.1-17 电压源伏安曲线

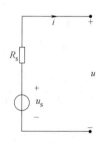

图 2.1-18 电压源电路模型

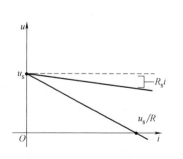

图 2.1-19 电压源伏安特性

② 伏安特性（图 2.1-19）
$$u=iR_s+u_s$$
③ 三种工作状态
 a. 加载：$u=u_s-R_s i$
 b. 开路：$i=0$ $u_{oc}=u_s$
（u_{oc} 开路电压）
 c. 短路：$u=0$ $i_{sc}=u_s/R$
（i_{sc} 短路电流）

（2）电流源

1) 理想电流源

若一个二端元件的输出电流恒定时，则称为理想电流源。

① 电路符号（图 2.1-20）
② 基本性质
a. 输出电流恒定和外电路无关。
$$U=RI=RI_s$$
b. 其端电压由外电路确定。
③ 伏安曲线（图 2.1-21）

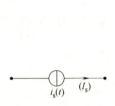

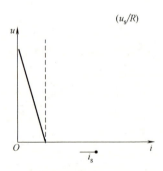

图 2.1-20 电流源电路符号   图 2.1-21 电流源伏安曲线

2）实际电流源
若一个二端元件所输出的电流随其端电压变化而变化称为实际电流源。
① 电路模型（图 2.1-22）
② 伏安特性（图 2.1-23）
$$i=i_s-u_s/R_s=i_s-G_s u$$

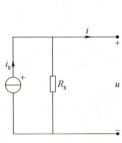

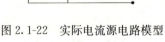

图 2.1-22 实际电流源电路模型   图 2.1-23 实际电流源伏安特性

③ 三种工作状态

加载：$i=i_s-u/R_s$

短路：$u=0$，$i_{sc}=-i_{sc}$。

开路：$i=0$，$u_{oc}=R_s i$

4. 正弦交流电流电路（图 2.1-24）

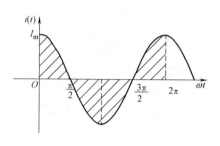

图 2.1-24 正弦交流电流电路

正弦量：随时间 t 按照正弦规律变化的物理量，都称为正弦量，它们在某时刻的值称为该时刻的瞬时值，则正弦电压和电流分别用小写字母 i、u 表示。

周期量：时变电压和电流的波形周期性的重复出现。周期 T：每一个瞬时值重复出现的最小时间间隔，单位：秒（s）；频率 f：是每秒中周期量变化的周期数，单位：赫兹（Hz）。显然，周期和频率互为倒数，即 $f=1/T$。

交变量：一个周期量在一个周期内的平均值为零。可见，正弦量不仅是周期量，而且还是交变量。

5. 接地的概念与系统

（1）接地的概念

所谓"接地"，就是为了工作或保护的目的，将电气设备或通信设备中的接地端子，通过接地装置与大地作良好的电气连接，并将该部位的电荷注入大地，达到降低危险电压和防止电磁干扰的目的。

（2）接地系统

所有接地体与接地引线组成的装置，称为接地装置，把接地装置通过接地线与设备的接地端子连接起来就构成了接地系统（图 2.1-25）。

（3）接地电阻

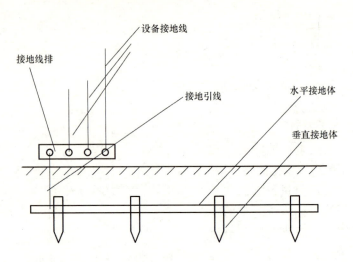

图 2.1-25 接地系统

一般是由接地引线电阻,接地体本身电阻,接地体与土壤的接触电阻以及接地体周围呈现电流区域内的散流电阻四部分组成(接地电阻主要由接触电阻和散流电阻构成)。

6. 接地分类及作用

按带电性质可分为交流接地系统和直流接地系统两大类。按用途可分为工作接地系统、保护接地系统和防雷接地系统。而防雷接地系统中又可分为设备防雷和建筑防雷(图 2.1-26)。

对地电压:电气设备的接地部分,如接地外壳、接地线或接地体等与大地之间的电位差,称为接地的对地电压 U_d。(离接地体越远越小)

接触电压:在接地电阻回路上,一个人同时触及的两点间所呈现的电位差,称为接触电压 U_c。(离接地体越远越大(就近接地))

跨步电压:在电场作用范围内(以接地点为圆心,20m 为半径的圆周),人体如双脚分开站立,则施加于两脚的电位不同而导致两脚间存在电位差,此电位差便称为跨步电压 U_k。(离接地体越远越小)

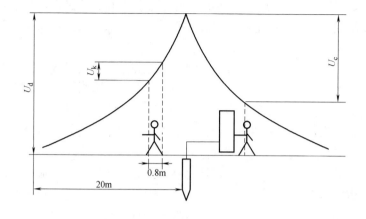

图 2.1-26 接地电阻分类

7. 常用电气元件及接触器控制

（1）常用控制电器元件

对电动机和生产机械实现控制和保护的电工设备叫做控制电器。控制电器的种类很多，按其动作方式可分为手动和自动两类。手动电器的动作是由工作人员手动操纵的，如刀开关、组合开关、按钮等。自动电器的动作是根据指令、信号或某个物理量的变化自动进行的，如中间继电器、交流接触器等。

1）刀闸开关

刀开关又叫闸刀开关（图2.1-27），一般用于不频繁操作的低压电路中，用作接通和切断电源，或用来将电路与电源隔离，有时也用来控制小容量电动机的直接启动与停机。

图 2.1-27 刀开关

刀开关由闸刀（动触点）、静插座（静触点）、手柄和绝缘底板等组成。

刀开关种类很多。按极数分为单极、双极和三极；按结构分为平板式和条架式；按操作方式分为直接手柄操作式、杠杆操作机构式和电动操作机构式；按转换方向分为单投和双投等。

刀开关一般与熔断器串联使用，以便在短路或过负荷时熔断器熔断而自动切断电路。刀开关额定电压通常为 250V 和 500V，额定电流在 1500A 以下。

安装刀开关时，电源线应接在静触点上，负荷线接在与闸刀相连的端子上。对有熔断丝的刀开关，负荷线应接在闸刀下侧熔断丝的另一端，以确保刀开关切断电源后闸刀和熔断丝不带电。在垂直安装时，手柄向上合为接通电源，向下拉为断开电源，不能反装。

刀开关的选用主要考虑回路额定电压、长期工作电流以及短路电流所产生的动热稳定性等因素。刀开关的额定电流应大于其所控制的最大负荷电流。用于直接起停 3 kW 及以下的三相异步电动机时，刀开关的额定电流必须大于电动机额定电流的 3 倍。

2）组合开关（图 2.1-28）

组合开关又叫转换开关，是一种转动式的闸刀开关，主要用于接通或切断电路、换接电源、控制小型鼠笼式三相异步电动机的启动、停止、正反转或局部照明。

组合开关有若干个动触片和静触片，分别装于数层绝缘件内，静触片固定在绝缘垫板上，动触片装在转轴上，随转轴旋转而变更、断位置。

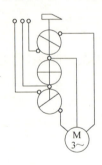

图 2.1-28 组合开关

3）自动开关

正常情况下过流脱扣器的衔铁是释放着的，严重过载或短路时，线圈因流过大电流而产生较大的电磁吸力，把衔铁往下吸而顶开锁钩，使主触点断开，起过流保护作用。欠压脱扣器在正常情况下吸住衔铁，主触点闭合，电压严重下降或断电时释放衔铁而使主触点断开，实现欠压保护。电源电压正常时，必须重新合闸才能工作。

4）按钮（图 2.1-29）

按钮的触点分常闭触点（动断触点）和常开触点（动合触

点）两种。常闭触点是按钮未按下时闭合、按下后断开的触点。常开触点是按钮未按下时断开、按下后闭合的触点。按钮按下时，常闭触点先断开，然后常开触点闭合；松开后，依靠复位弹簧使触点恢复到原来的位置。

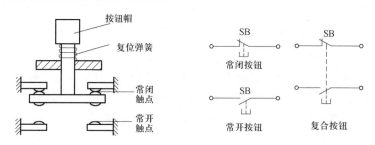

图 2.1-29　按钮

5）行程开关（图 2.1-30）

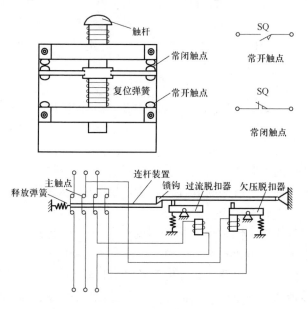

图 2.1-30　行程开关

行程开关也称为位置开关,主要用于将机械位移变为电信号,以实现对机械运动的电气控制。当机械的运动部件撞击触杆时,触杆下移使常闭触点断开,常开触点闭合;当运动部件离开后,在复位弹簧的作用下,触杆回复到原来位置,各触点恢复常态。

(2) 常用保护元件

1) 熔断器

熔断器主要作短路或过载保护用,串联在被保护的线路中。线路正常工作时如同一根导线,起通路作用;当线路短路或过载时熔断器熔断,起到保护线路上其他电器设备的作用。

选择熔体额定电流的方法如下:

① 电灯支线的熔体:熔体额定电流≥支线上所有电灯的工作电流之和。

② 一台电动机的熔体:熔体额定电流≥电动机的启动电流÷2.5。

如果电动机启动频繁,则为:熔体额定电流≥电动机的启动电流÷(1.6~2)。

③ 几台电动机合用的总熔体:熔体额定电流=(1.5~2.5)×容量最大的电动机的额定电流,其余电动机的额定电流之和。

2) 交流接触器(图 2.1-31)

线圈通电时产生电磁吸引力将衔铁吸下,使常开触点闭合,常闭触点断开。线圈断电后电磁吸引力消失,依靠弹簧使触点恢复到原来的状态。

根据用途不同,交流接触器的触点分主触点和辅助触点两种。主触点一般比较大,接触电阻较小,用于接通或分断较大的电流,常接在主电路中;辅助触点一般比较小,接触电阻较大,用于接通或分断较小的电流,常接在控制电路(或称辅助电路)中。有时为了接通和分断较大的电流,在主触点上装有灭弧装置,以熄灭由于主触点断开而产生的电弧,防止烧坏触点。

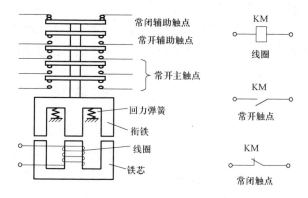

图 2.1-31　交流接触器

接触器是电力拖动中最主要的控制电器之一。在设计它的触点时已考虑到接通负荷时的启动电流问题，因此，选用接触器时主要应根据负荷的额定电流来确定。如一台 Y112M-4 三相异步电动机，额定功率 4kW，额定电流为 8.8A，选用主触点额定电流为 10A 的交流接触器即可。除电流之外，还应满足接触器的额定电压不小于主电路额定电压。

3）继电器（图 2.1-32）

继电器是一种根据特定输入信号而动作的自动控制电器，其种类很多，有中间继电器、热继电器、时间继电器等类型。

图 2.1-32　继电器

① 中间继电器

中间继电器通常用来传递信号和同时控制多个电路，也可用来直接控制小容量电动机或其他电气执行元件。中间继电器的结构和工作原理与交流接触器基本相同，与交流接触器的主要区别是触点数目多些，且触点容量小，只允许通过小电流。在选用中间继电器时，主要是考虑电压等级和触点数目。

② 热继电器

下层金属膨胀系数大，上层的膨胀系数小。当主电路中电流超过容许值而使双金属片受热时，双金属片的自由端便向上弯曲超出扣板，扣板在弹簧的拉力下将常闭触点断开。触点是接在电动机的控制电路中的，控制电路断开便使接触器的线圈断电，从而断开电动机的主电路。

③ 时间继电器（图 2.1-33）

通电延时空气式时间继电器利用空气的阻尼作用达到动作延时的目的。吸引线圈通电后将衔铁吸下，使衔铁与活塞杆之间有一段距离。在释放弹簧作用下，活塞杆向下移动。在伞形活塞的表面固定有一层橡皮膜，活塞向下移动时，膜上面会造成空气稀薄的空间，活塞受到下面空气的压力，不能迅速下移。当空气由进气孔进入时，活塞才逐渐下移。移动到最后位置时，杠杆使微动开关动作。

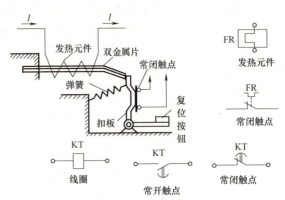

图 2.1-33　时间继电器

4）断路器

功能：用于线路保护，主要保护有：短路保护、过载保护等，也可在正常条件下用来非频繁地切断电路。

常用的断路器一般根据额定电流大小分为：框架式断路器（一般 630A 以上）、塑壳断路器（一般 630A 以下）、微型断路器

（一般63A以下）。

参数：额定电流、框架电流、额定工作电压、分断能力等。

常用型号：C65N D10A/3P、NSX250N、MET20F202。

5）熔断器

功能：熔断器是一种最简单的保护电器，在电路中主要起短路保护作用。

熔断器就功能上可分为普通熔断器和半导体熔断器，半导体熔断器主要是用于半导体电子器件的保护，一般动作时间较普通熔断器和断路器快，因此也经常称为快熔；普通熔断器一般只用于线路短路保护。

做线路保护用的熔断器一般只用在一些检测、控制回路中，大部分都被断路器而取代。

参数：

常用型号：RT18-2A/32X、NGTC1-250A/690V。

6）其他保护继电器（相序继电器、过压、欠压继电器、过流、欠流继电器、剩余电流继电器等）

相序继电器：

功能：用于进线电源的缺相、错相保护。部分相序继电器还有过压、欠压等保护功能。

① 过流继电器

功能：用于电路发生短路或严重过载时迅速切断电路。常规控制回路一般均加过流继电器做保护。

② 欠流继电器

功能：剩余电流继电器是检测剩余电流，将剩余电流值与基准值相比较，当剩余电流值超过基准值时，发出一个机械开闭信号，使机械开关电器脱扣或声光报警装置发出报警的电器。

用于中性点接地的系统，需要配置零序电流互感器。剩余电流动作保护器对被保护范围内相-相、相-零间引起的触电危险，保护器不起保护作用。

参数：额定电流、额定工作电压、额定脉冲剩余动作电流、分断时间、额定辅助电源电压等。

③ 主令、按钮、指示灯

功能：是自动控制系统中用于发送控制指令或显示状态的电器。根据不同的用途，可分为：主令控制器、按钮、转换开关、指示灯、蜂鸣器、带灯按钮等。

主令控制器一般用于主驱动机构的控制，如起升、变幅等；转换开关一般用于功能的切换或者状态的选择；按钮用于启、停、复位等功能的操作；指示灯用于各种状态的指示；蜂鸣器用于状态的警示或者故障的报警。

7) 检测类元件

① 电流互感器

用于检测线路电流，根据不同的型号可穿线或者穿排，二次侧要可靠接地。

② 电流表、电压表、电度表等检测仪表

用于检测电流（一般要配电流互感器）、电压、电能等，要注意实际检测值和显示值之间的区别。

电度表要注意和互感器的匹配，以及单相、三相三线、三相四线的差别。

③ 计时器、计数器等

用于计量时间和数量。要注意用户要求的位数和电压等级。

8) 驱动器及 PLC 系统

① 变频器

功能：通过整流和逆变来实现对频率的控制，以实现调速。常用变频器均为交-直-交型。

常用的控制方式有 V/F 控制、矢量控制、直接转矩控制；调速方式主要有：多功能端子调速、模拟量调速、通信调速。

变频器的过载能力，一般按 3min 过载 60s 来核定，过载倍数为 1.36~1.6 倍不等；要区分额定输出电流、轻过载额定输出电流、重过载额定输出电流、过载电流等参数。

选择变频器要把握以下两个原则：a. 变频器的额定输出电流必须要满足电动机的额定电流；b. 变频器的过载电流必须满足电动机的过载电流。

参数：电压范围、额定输出电流、过载电流等。

② PLC 系统

PLC 是设备的控制中心，在设计时需要注意以下几个方面：

系统网络：首先要搭建好系统网络，要层次分明。变频器和 PLC 之间的通信、PLC 主站和从站之间的通信、PLC 和上层网络（中控室等）之间的通信、PLC 和现场设备之间的通信等等，都需要一一的理清楚。

模块配置：一个 PLC 系统一般包含以下几个部分：电源模块、CPU 模块、数字量输入输出模块、模拟量输入输出模块、通信模块、底板或导轨、扩展电缆、特殊模块等。

③ 制动电阻

制动电阻的阻值和功率需要计算核实；制动电阻阻值过大，容易造成直流母线过电压；制动电阻阻值过小容易导致制动单元过热烧坏制动单元。

2.1.5 常用电工工具的使用方法

1. 钳形电流表

钳形电流表是一种用于测量正在运行的电气线路的电流大小的仪表，可在不断电的情况下测量电流。

（1）结构及原理

钳形电流表实质上是由一只电流互感器、钳形扳手和一只整流式磁电系仪表所组成。

（2）使用方法

1）测量前要机械调零。

2）选择合适的量程，先选大量程，后选小量程或看铭牌值估算。

3）测量时，应使被测导线处在钳口的中央，并使钳口闭合紧密，以减少误差。

4）测量完毕，要将转换开关放在最大量程处。

(3) 注意事项

1）被测线路的电压要低于钳表的额定电压。

2）测高压线路的电流时，要戴绝缘手套，穿绝缘鞋，站在绝缘垫上。

3）钳口要闭合紧密，不能带电换量程。

2. 兆欧表（摇表）

当电器设备例如电动机、电缆、家用电器等受热和受潮时，绝缘材料会老化，其绝缘电阻便降低，从而造成电器设备漏电或短路事故。为了避免事故发生，就要求经常测量各种电器设备的绝缘电阻，判断其绝缘程度是否满足设备要求。最常用的仪表就是兆欧表，也叫绝缘电阻表。它与测电阻仪表的不同之处在于测量绝缘电阻时本身就有高电压电源。

(1) 结构及原理

兆欧表主要由作为电源的手摇发电动机（或其他直流电源）和作为测量机构的磁电式流比计双动线圈流比计组成。测量时，实际上是给被测物加上直流电压，测量其通过的泄漏电流，在表的盘面上读到的是经过换算的绝缘电阻值。

(2) 兆欧表的正确使用

在兆欧表上有三个接线端钮，分别标为接地 E、电路 L 和屏蔽 G。一般测量仅用 E、L 两端，E 通常接地或接设备外壳，L 接被测线路、电动机、电器的导线或电动机绕组。测量电缆芯线对外皮的绝缘电阻时，为消除芯线绝缘层表面漏电引起的误差，还应在绝缘上包以锡箔，并使之与 G 端连接。

(3) 注意事项

1）测量前先将兆欧表进行一次开路和短路试验，检查兆欧表是否正常。具体操作为：将两连接线开路，摇动手柄指针应指在无穷大处，再把两连接线短接一下，指针应指在零处。

2）被测设备必须与其他电源断开，测量完毕一定要将被测设备充分放电（约需2～3min），以保护设备及人身安全。

3）兆欧表与被测设备之间应使用单股线分开单独连接，并保持线路表面清洁干燥，避免因线与线之间绝缘不良引起误差。

4）摇测时，将兆欧表置于水平位置，摇把转动时其端钮间不许短路。摇测电容器、电缆时，必须在摇把转动的情况下才能将接线拆开，否则反充电将会损坏兆欧表。

5）摇动手柄时，应由慢渐快，均匀加速到120r/min，并注意防止触电。摇动过程中，当出现指针已指零时，就不能再继续摇动，以防表内线圈发热损坏。

6）应视被测设备电压等级的不同选用合适的绝缘电阻测试仪。一般额定电压在500V以下的设备，选用500V或1000V的兆欧表；额定电压在500V及以上的设备，选用1000～2500V的兆欧表。量程范围的选用一般应注意不要使其测量范围过多的超过所测设备的绝缘电阻值，以免使读数产生较大的误差。

7）禁止在雷电天气或在邻近有带高压导体的设备处使用兆欧表测量。

3. 万用表

万用表是万用电表的简称，能测量电流、电压、电阻，有的还可以测量三极管的放大倍数、频率、电容值、逻辑电位、分贝值等。万用表有很多种，现在最流行的有机械指针式的和数字式的万用表。

（1）结构及原理

万用表大体由表头、选择开关、表笔和插孔组成。表头为灵敏电流计，选择开关是一个多挡位的旋转开关，表笔分为红黑共两只，插孔分别标为"＋"和"－"符号。当微小电流通过表头，就会有电流指示。但表头不能通过大电流，所以，必须在表头上并联与串联一些电阻进行分流或降压，从而测出电路中的电流、电压和电阻。

（2）使用方法

通过转换开关的旋钮来改变测量项目和测量量程。机械调零旋钮用来保持指针在静止处在左零位。"Ω"调零旋钮是用来测量电阻时使指针对准右零位，以保证测量数值准确。

(3) 注意事项

1) 测量电流与电压不能选错挡位。如果误选电阻挡或电流挡去测电压，就极易烧坏电表。

2) 测量直流电压和直流电流时，注意"＋"、"－"极性，不要接错。如发现指针反转，既应立即调换表棒，以免损坏指针及表头。

3) 如果不知道被测电压或电流的大小，应先用最高挡，而后再选用合适的挡位来测试，以免表针偏转过度而损坏表头。所选用的挡位愈靠近被测值，测量的数值就愈准确。

4) 测量电阻时，不要用手触及元件的裸体的两端（或两支表棒的金属部分），以免人体电阻与被测电阻并联，使测量结果不准确。

5) 测量电阻时，如将两支表棒短接，调"零欧姆"旋钮至最大，指针仍然达不到 0 点，这种现象通常是由于表内电池电压不足造成的，应换上新电池方能准确测量。

6) 万用表不用时，不要旋在电阻挡，因为内有电池，如不小心易使两根表棒相碰短路，不仅耗费电池，严重时甚至会损坏表头。

2.2 岗位专业知识

2.2.1 不落轮镟床的功能和各组成部分的名称

1. 不落轮镟床主要结构：

U2000-400M 不落轮镟床是由德国 HEGENSCHEIDT-MFD 公司生产的一种高性能的数控机床，适用于以下车辆设备轮对的测量及廓形加工。

(1) 动车；

（2）转向架；

（3）客车；

（4）单个轮对；

（5）铁路货车。

机器的加工过程是半自动的，操作者通过中央控制面板进行操作，操作者的前方及顶部分别装有观察窗和防护盖，在方便操作者加工轮对的同时，还能为机床操作者提供防铁屑伤害的保护功能（图 2.2-1），操作的时候只需要一个人主操作，其余两个人协助安全监督和辅助操作。

镟床整体结构（图 2.2-2）：机器放置在轨道下面的深坑里面。

2. 不落轮镟床技术参数

（1）出厂数据

机器设计名：不落轮镟床。

型号：U2000-400M。

机器号码：101725。

生产年份：2013。

生产厂家：Hegenscheidt-MFD GmbH &Co. KG, Erkelenz。

（2）机器数据

重量：

机器的全重：16000kg。

固定机床平衡垫铁的数量：4个。

噪声功率级 LWA：100dB（A）。

发射声压级 LPA：79dB（A）。

声压级峰值 LPCPEAK：97.4dB（C）。

上述值均为验收时根据 DIN 45635 在制造商工厂中测得的，在机床最终安装地点的测量值有可能不同。

（3）主要技术参数

1）液压单元

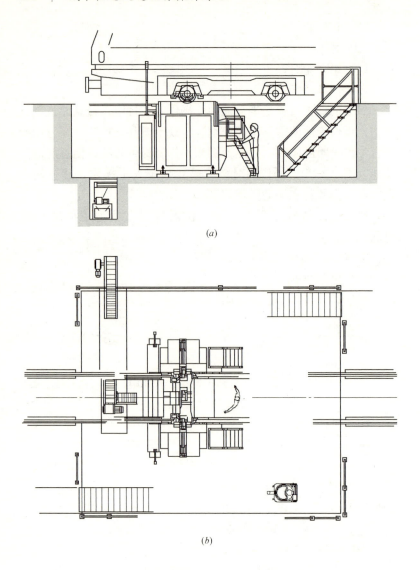

图 2.2-1 机床操作剖面图
(a) 立面图；(b) 平面图

容量：20L。

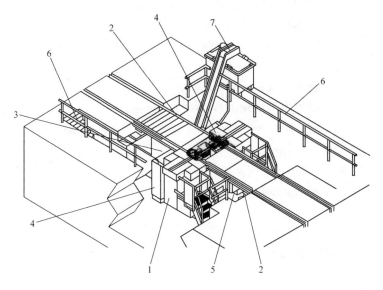

图 2.2-2 镟床整体结构

1—机座；2—轨道；3—液压单元；4—开关柜；5—主操作面板；
6—楼梯、围栏；7—排屑装置

工作压力：5.5MPa。

油的型号：PG46，ISO VG46。

2）额定转速

驱动电动机：6500 转/min。

进给电动机：3000 转/min。

液压马达：1500 转/min。

轨道设备：3000 转/min。

水平轴向轮：1700 转/min。

竖直轴向轮：1500 转/min。

3）加工数据

轨距：1435mm。

轮对内距：1353＋2mm。

最大轴长：2500mm。

要加工的最大滚动圆直径：1200mm。

要加工的最小滚动圆直径：375mm。

轮箍宽度：95~145mm。

轴长（包括轴承）：1600~2600mm。

最大轴负载（机床）：180kN。

切削速度（轮廓加工）：30~90m/min。

滚动圆上的切削速度（制动盘加工）：最大 350m/min。

进给：0~5mm/转。

4）电源连接

接入负载：80kVA。

工作电压：400V。

电源电压：380V。

电网电压容差：-6/+10%。

电源频率：50Hz。

电网制式：TN-S。

5）其他电压和频率

控制电压：230V/50Hz。

电磁阀电压：24V。

输入、输出端电压：24V。

6）电动机功率

驱动器：4×9kW。

液压泵：4kW。

机器控制系统：SIEMENS Sinumerik 840 DE SL。

3. 镟床结构与工作原理

U2000 镟床主要由轨道系统、轮对驱动系统、轮对装夹系统、滑架、刀具、测量和定位系统、电气控制柜、液压系统、排屑系统、排烟机 10 部分组成，各系统通过计算机数控中心（即 CNC）、西门子 S7-300PLC 和其他电器元件控制各系统协调工作，完成轮对镟修任务。

镟床各系统分布如图 2.2-3 所示。

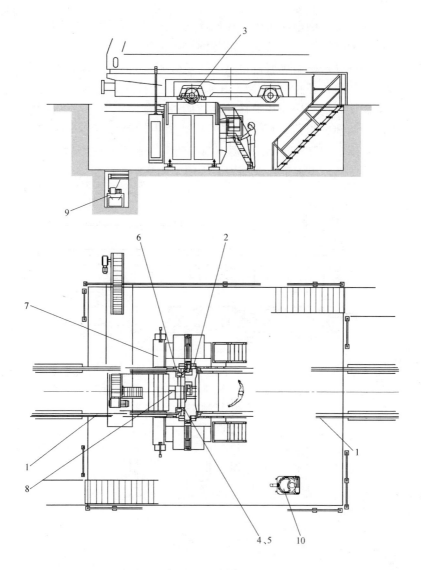

图 2.2-3 镟床各系统分布

1—轨道系统；2—轮对驱动系统；3—轮对装夹系统；4—滑架；5—刀具；
6—测量和定位装置；7—电气控制柜；8—液压系统；9—排屑装置；10—排烟机

(1) 轨道系统

为了把车辆移入镟床，在机器两端设置一套移动轨道系统。轨道由两部分组成，一部分是与钢轨相接的，与普通 50kg 轨相同，一部分是移动轨道。轮对通过移动轨道系统从两端都可进入镟床，到达机器中间位置（图 2.2-4）。工作原理：轨道系统是一个焊接的钢结构，其中移动轨道的滑动连接轨由电动机控制，由前后两部分组成，用于连接镟床轨道中间部分。当车辆定位后，前部滑动连接轨缩回，滚轮座升起，顶起轮对脱离后部滑动连接轨，然后后部连接轨缩回，为加工切削轮对踏面留出空间。

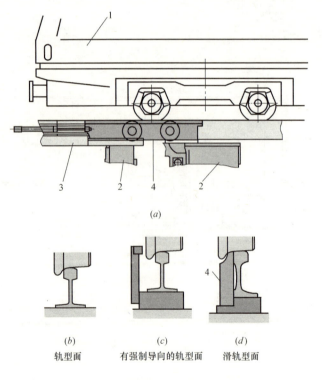

图 2.2-4　移动轨道系统结构示意图
1—车辆；2—机床；3—轨道；4—滑轨
注：只能以 5km/h 的最高速度开上轨道。

活动轨道通过传感器检测滑轨是否到位，缩回和伸出与滚轮升降连锁，防止操作人员误操作。

（2）机座

设计坚实的机座用机床平衡垫铁固定在地基上并校准。机床部件固定在机座（图 2.2-5）上。

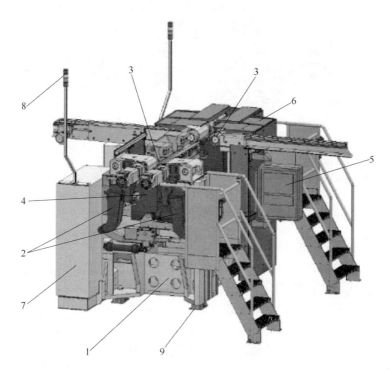

图 2.2-5　机座结构示意图

1—机座；2—回转装置；3—驱动轮；4—横梁；5—主操作面板；
6—挡板；7—开关柜；8—信号指示灯；9—平衡垫铁

（3）横梁

横梁螺杆装在机架上，在加工过程中产生的力由横梁吸收并传给机架（图 2.2-6）。

（4）轮对驱动装置

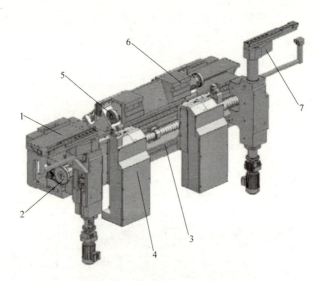

图 2.2-6　横梁结构示意图

1—横梁；2—轴驱动装置；3—线性导轨；4—滑架；5—轴向轮；
6—内轴承固定装置；7—外轴承固定装置

1) 轮对驱动系统（图 2.2-7）

轮对的固定和驱动通过在竖直方向浮动的摩擦轮驱动系统实现。用于传递功率的 4 个摩擦轮置放在轮架上，它们分别成对地安装在机床的两侧，分别通过一个异步电动机和一个法兰连接的减速器对每个驱动轮单独进行驱动。机架上的 4 个轮架置放在盘形弹簧垫圈之上，彼此独立。由于这一结构，在抬起轮对时轮对重量对盘形弹簧垫圈进行额外预紧。该预紧使系统中轮盘和摩擦轮之间的附着摩擦力持续存在，由此摩擦轮可随着可能存在的不圆度和踏面擦伤同步运动。

在两个后驱动轮的对面分别装有一个侧压轮。通过同下面介绍的轮对对中法结合，具有将最大的轴负载转换为扭矩的能力，即可达到最大的切屑横截面积和最佳机加工精度。

若无屏蔽保护装置，会有发生事故的危险，机床运行时绝对不能将手伸进滚轮区域，否则将很有可能受伤。

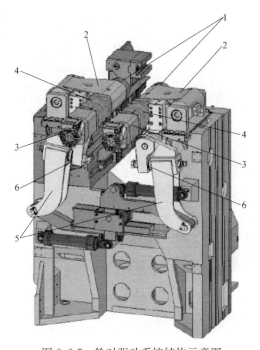

图 2.2-7 轮对驱动系统结构示意图
1—驱动轮；2—驱动轮摆架；3—三相异步电动机；4—减速器；5—回转装置；
6—盘形弹簧垫圈

2）电动机/减速器（图 2.2-8）

轮对由机体两侧的两个驱动轮驱动。驱动是通过一个变频调速三相异步电动机通过减速器和轴来实现的。

（5）回转装置（图 2.2-9）

机体两侧各有一个通过液压缸运动的回转装置，用于转动两个轮架，并以此在竖直方向对两个轮架进行调节。为使轮对提离轨道所需的轮架位置由限位开关来感测。确保轮对离开轨道的距离为一特定的数值，应在两个提升缸上的压力保持恒定后再开始位置的测量。为实现两个轮架的同步移动，将回转装置的下手柄通过齿轮和齿条相互连接，从而实现强制同步。

如果轮架上行，轮对将从滑轨抬起大约 5～10mm。

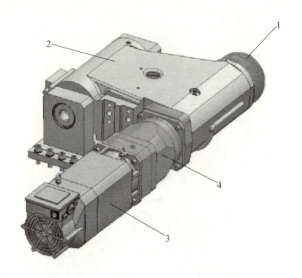

图 2.2-8　电动机/减速器系统结构示意图

1—驱动轮；2—驱动轮架；3—三相异步电动机；4—减速器

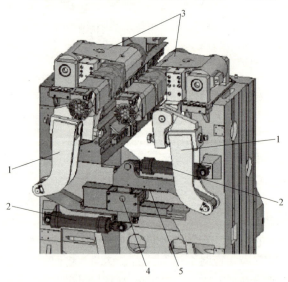

图 2.2-9　回转装置结构示意图

1—回转装置；2—液压缸；3—轮架；4—齿轮；5—回转装置

（6）侧压轮

为了使轮对对中，在后驱动轮的区域各装有一个侧压轮。导向轮径向靠位通过一个电力驱动装置来进行。导向轮轴向靠位通过一个驱动自锁式主轴液压回转电动机来进行。通过主轴自锁，在整个加工过程中最大为 50kN 的永久压紧力发挥作用，侧压轮示意图如图 2.2-10 所示。

侧压轮轴向和径向的靠位如图 2.2-11。

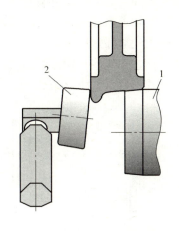

图 2.2-10　侧压轮示意图
1—驱动轮；2—侧压轮

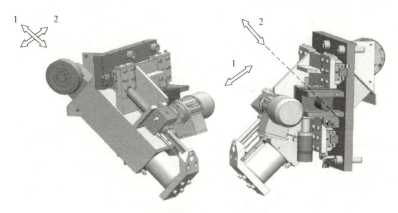

图 2.2-11　侧压轮靠位示意图
1—轴向的靠位；2—径向的靠位

（7）轮对固定装置/下压系统

为了取得最高的机加工精度，轮廓修复时使装入的轮对位置相对于测量工具和车削刀具基准点保持恒定十分重要。这一点可根据车辆和轮对的结构类型通过轮对的径向和轴向固定装置，优先通过其轴承箱和内轮箍表面或轴冲孔来实现。

除了轮对固定以外，所采用的固定装置还可为较轻的车辆提高轴负荷，使这些车辆也可以大切削断面经济地进行加工，轮对装夹方式示意图如图 2.2-12。

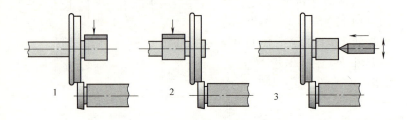

图 2.2-12　轮对装夹方式示意图
1—下压式外轴承固定装置；2—下压式内轴承固定装置；3—对中顶尖定心

1) 外轴承固定装置下压式

利用外轴承固定装置（选项）可在加工轴负载较小的轮对时使驱动轮以较大的力压在轮对上。同时，通过这一装置，轮对紧靠在轴承箱上，由此径向固定。提升缸通过驱动轮架和轮对压在外轴承固定装置上的附加负荷不允许超过每轮 70kN。同样，这个附加负荷与下压爪的设计形式有关。

外轴承固定装置（图 2.2-13）有一个径向方向的可调底板，根据车辆轴箱的具体外部形状，底板上可配置不同下压爪，进行不同车辆的轮对装夹。下压爪必须与轴承箱和需要加上的附加负荷相匹配。

负载计算（图 2.2-14）：轮压紧力"P"等于轴负载的一半"P_1"加上轴负载的增加量"P_2"。

计算公式：$$P = P_1 + P_2$$

P——轮压紧力，kN；

P_1——1/2 轴负载，kN；

P_2——轴负荷增加量，kN。

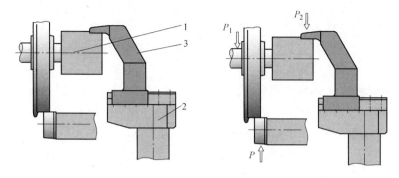

图 2.2-13　外轴承固定装置示意图
1—轴承箱；2—底板；3—下压爪

在使用外轴承固定装置时，最大的允许压紧力为每面 70kN。

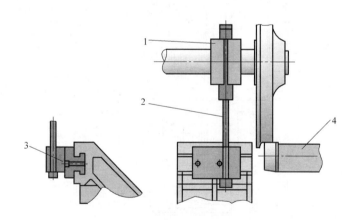

图 2.2-14　内轴承固定装置负荷示意图
1—轴承箱；2—压紧箍；3—底座；4—摆架

2）下压式内轴承固定装置

利用内轴承固定装置可在加工轴负载较小的轮对时使驱动轮以较大的力压在轮对上。同时，通过这一装置，轮对紧靠在轴承箱上，由此径向固定。提升缸通过驱动轮摆架和轮对压在内轴承固定装置上的附加负荷不允许超过每轮40kN。同样，这个附加负荷与下压爪的设计形式有关。

内轴承固定装置由一个可水平调节的底座构成，它用于固定压紧箍、压紧钩或压紧螺栓。轴承箱的作用点取决于轴承箱的设计形式及车辆的结构形式。在手动安装完毕下压爪后，通过提高驱动轮摆架的提升缸内的液压来施加附加负荷。

(8) 数控车削滑架（图2.2-15、图2.2-16）

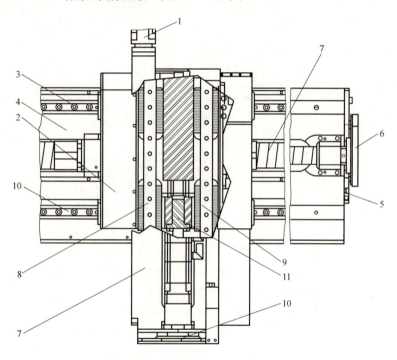

图2.2-15 数控车削滑架示意图
1—刀具；2—纵向滑座；3—滚轮导轨；4—横梁；5—三相伺服电动机；6—齿型皮带；7—滚珠丝杆；8—横向滑座；9—滚轮导轨；10—齿型皮带；11—珠丝杆

车削滑架可按照加工要求沿纵向（Z轴）和横向（X轴）运动。刀架上安装着加工刀具和测量装置。纵向滑座沿通过螺栓固定在横梁上的两根滚轮导轨滑移。由一个三相伺服电动机驱动。

滚珠丝杆通过一根齿型皮带驱动。纵向滑座与滚珠丝杆之间通过一个预紧的螺母无间隙地连接。横向滑座也沿通过螺栓固定在纵向滑座上的两根滚轮导轨滑移。由一个三相伺服电动机驱动。滚珠丝杆通过一根齿型皮带驱动。横向滑座与滚珠丝杆之间通过一个预紧的螺母无间隙地连接。

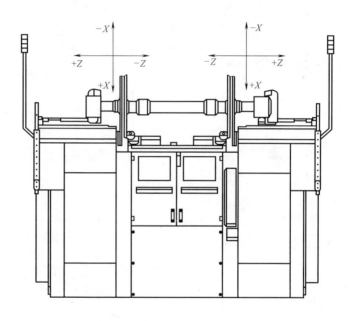

图 2.2-16　滑架上的方向标定示意图

（9）测量和定位装置

1）自动定位和磨损测量（图 2.2-17）

在每个横向滑座内都有一个液压驱动的可伸出的测量装置以测定轴向和径向位置和轮箍断面的磨损值。借助于此，由两个不同的测量轮构成的装置可使车刀相对轮对自动定位。测量装置也用来测量轮对内距、轴向窜动和径向跳动。集成在测量装置内部的磨损测量装置进行了适当的调整，可测出待加工轮对上轮廓特定点处的磨损量。将该磨损轮廓在控制系统中与参考轮廓进行比较即可在 CNC 显示屏上显示所需的最佳切削深度。该过程在预测量程序的范围内进行。

2）直径测量装置（图 2.2-18）

轮径是用经过淬火的钢制测量轮分别测量单个车轮的圆周而确定的。测量轮的转动直接传到一个旋转编码器上。测量轮支架固定在车削滑架上并以电动方式通过滚珠丝杆压

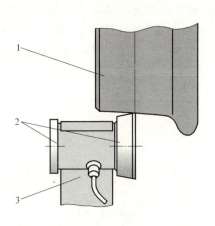

图 2.2-17　自动定位和磨损测量示意图
1—轮对；2—测量轮；3—测量装置

紧在轮对上。在测量开始前，将反射器装在轮表面上与光栅同高的位置。必须在每个车轮的两面都装上反射箔。轮对的直径在由光栅计数确定的一定轮转数之内测量。左右车轮的直径测量结果将会在 CNC 屏幕上显示。左、右轮上滚动圆（MKE）与轮箍内侧面之间的尺寸 "Z" 必须相同。

3）轮廓磨损测量（图 2.2-19）

测量通过测量台上的两个测量轮进行。磨损轮廓上测量点的数目和位置是可选的。测定的值与 CNC 控制系统中允许用于轮廓修复的轮廓相比较，以

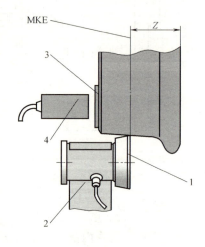

图 2.2-18　直径测量装置示意图
1—钢制测量轮；2—测量轮支架；3—反射器；4—光栅

确定需重新车削的直径。同时考虑到轴向窜动和径向跳动偏心距、踏面擦伤、轮廓的轴向位置以及需遵守的轨距。这样可根据所选的加工原理生成自动切削划分和进刀值。可针对轨距或轮缘（针对轮廓）来计算。当轮对转动时，测量轮测定从轮缘顶点到踏面外缘的测量值。在特殊情况下，当轮对静止时，用测量轮测量轮缘背面（短途车辆）。测量轮支架集成在车削滑架中，可在 X 向以电动方式通过滚珠丝杆伸出和缩回并在测量时相应进给。在缩回状态下，测量轮支架用一个柔性翻盖保护，以防碎屑进入。

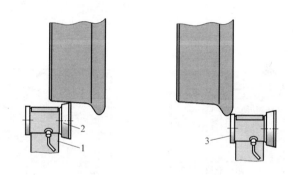

图 2.2-19　轮廓磨损测量装置示意图
1—测量台；2—测量轮；3—测量轮

（10）滑差监控装置（图 2.2-20）

滑差监控装置可以识别驱动轮的瞬间滑转。在切削力过大或车轮踏面脏污时便可能出现这种滑转。将驱动轮转速额定值和实际值进行比较。左前驱动轮（S1）提供默认值和实际值，其余的驱动轮（S2、S3、S4）提供比较值。转速差会导致"进给停止"，接着滑架空转。允许的公差是制造商方设定的。

（11）电气设备和控制系统

1）开关柜（图 2.2-21）

包括主开关在内的电气控制元件都装在安有空调设备的开关柜中。开关柜位于机床的后面。

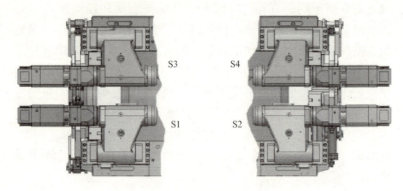

图 2.2-20　滑差监控装置示意图

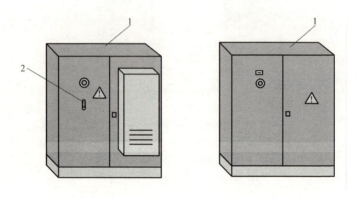

图 2.2-21　开关柜装置示意图
1—开关柜；2—主开关

2) 控制台和操作台（图 2.2-22）

机床有下列控制/操作元件：主操作面板、手持操作装置、扩展型操作面板

(12) 液压系统（图 2.2-23）

液压设备包括用于供应液压油的液压单元和用于功能控制的控制阀。液压单元与机床固定连接并安装在背面，位于两个开关柜之间。阀组直接安装在液压单元上。液压系统的范围和结构以及诸如额定压力设定等重要信息可在液压管路图以及维护说明中

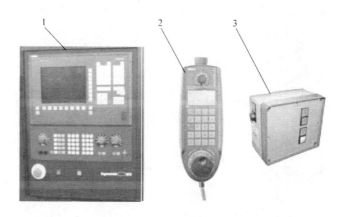

图 2.2-22 控制台和操作台示意图
1—主操作面板；2—手持操作装置；3—扩展型操作面板

找到。

(13) 附加模块

1) 排屑装置（图 2.2-24）

排屑装置在机床生产效益和日常劳动消耗中扮演着重要的角色。供应商可以根据当地不同条件相应提供各种不同排屑装置。除了可自动从机床中将碎屑运走之外，利用内置于机床中的断屑器还可以将长铁屑切短。

2) 排烟机（图 2.2-25）

排烟机的任务是吸除轮对加工时产生的烟雾。直接在机床的加工区域抽吸。烟雾颗粒通过机床中的吸槽和管路被吸到排烟机中。

(14) 刀具

镟床有两套对称安装的刀具，每套刀具托上安装两粒

图 2.2-23 液压系统示意图
1—油箱；2—油位指示器；3—带液压泵的电动机；4—蓄能器；5—阀组

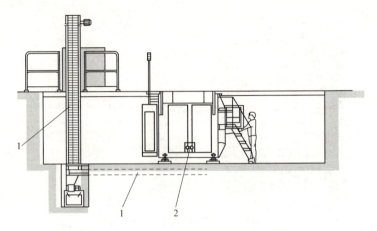

图 2.2-24　排屑装置示意图
1—排屑装置；2—断屑器

图 2.2-25　排烟机示意图

SANDVIK GC4025 刀，车刀是标准的金属碳化物合金，而且切削表面可以可逆使用。根据加工面积，轮对廓形分为行车表面不锈钢和后部轮缘面不锈钢两部分，刀粒 3 用于加工踏面和轮缘内侧，刀粒 2 用于加工轮缘外侧。切削过程中根据不同部分进行换刀，保证较好的加工效果。在加工过程中，必须保证清洁干净，包括刀座和切削刀具都需要清洁。刀粒型号可以根据加工面的形状、材料、精度、硬度、光洁度等要求进行选择。

刀具材料：刀具材料主要包括高速钢、硬质合金两大类。加工铸铁、淬火钢材料通常选用硬质合金刀片。被镟削轮对材料 R8T，表面硬度 HB265～HB295（HRC27～HRC30），表面光

洁度 $6.3 < Ra < 12.5$，加工这样硬度零件，尽量选硬质合金刀片。

刀具品牌：刀具供应商较多，目前世界上著名的品牌由瑞典的 SANDVIK、德国的 WALTER、以色列的 ISCAR、日本的 ZHUYOU 刀具，其中 SANDVIK 最好。SANDVIK 刀具设计在结构、寿命、切削效果上考虑得非常完善。SANDVIK 的 T-MAXP 车轮镟修刀具系统由刀座和刀片组成，其中包括轴向、径向安装刀片，使用和更换特别方便。

刀具牌号：镟修不同类型强度车轮需要不同牌号刀具。根据车轮磨损情况，SANDVIK 可提供以下刀具进行选择（图 2.2-26）。

表 2.2-1 刀具型号

精车(PF)	一般车削(PM)	粗车(PR)
LNUX1940-PF	LNUX1940-PM	LNUX1940-PR

图 2.2-26 刀具

7SANDVIK 刀具型号说明：
LNUX1940-PM：4015。
L：刀片形状（方形、菱形）。

N：刀片后角（不落轮刀片无后角）。

U：公差等级（刀片后角公差，内切圆公差）。

X：刀片类型（刀片槽形即前角）。

19：刀片规格。

40：刀尖半径 $r=4$。

GC4015：硬度高，有良好的耐磨性，切削参数高，使用于大批大量生产。

GC4025：高韧度，低切削速度。使用于磨损严重车轮加工。

GC3015：适用于磨损、打滑，有剥落表面加工。

SH：无涂层牌号，使用于擦伤严重车轮的再加工。

PM：加工精度：按 ALSTOM 提供的车轮轮缘踏面图纸要求，选择不同加工精度的刀片。

SANDVIK 刀具按加工效果分精加工、半精加工、粗加工刀片。

PF：精加工；

PM：半精加工；

PR：粗加工。

通常选用 PM 半精加工（一般车削）即可。

2.2.2 列车自动清洗机的功能和各组成部分的名称

1. 产品型号及名称

（1）产品型号：沃尔新。

（2）名称：列车自动清洗机。

2. 简介

列车外皮自动清洗机（简称洗车机）用于某地铁 1 号线列车的外部清洗。洗车机采用列车自行牵引（带电通过），在洗车线上对列车两侧（包括车门和窗玻璃）、侧顶弧、车头及车尾进行洗刷的作业方式，清除由于列车运用和检修造成的车辆外部表面的灰尘、油污和其他污垢。

3. 性能参数

（1）洗车能力：4 列/h。

(2) 洗车运行速度：3.0km/h。
(3) 自来水耗用量：0.35m³/列。
(4) 洗涤剂用量：0～8L/列。
(5) 系统工作气压：0.4～0.7MPa。
(6) 总功率：120kW。
(7) 电源要求：AC380V±10％，50Hz，五线制。
(8) 洗车库环境温度：≥0℃。
(9) 循环水的利用率：80％。
(10) 洗车库的适宜长度：60m。

4．总体结构

(1) 测速装置（两台）：

1) 结构：有两个相距1000mm的光电传感器，安装在立柱上，车轮经过两个传感器的时间可换算成运行速度，再变为数字显示，在进库和出库各设有一套测速装置。

2) 功能：适时监控列车自运行的速度，当列车超速行驶时，洗车机操作人员通知司机按规定速度运行，以达到良好的洗车效果。

(2) 光电传感器（四组）：

1) 结构：立柱是100mm×100mm×2050mm方形型钢，共两个立柱，一侧安装光电开关的发射器，另一侧安装接收器。

2) 功能：进出库各一组用来控制洗刷设备的启动和停止，端洗位置的两组用来控制列车在端洗位置停车，并且判断列车是否停位准确。

3) 参数：德国TURCK型号BRM42-R-VP6X透过型一套，测距15m，IP-67。

(3) 预湿喷淋调温管（一对）：（图2.2-27）

1) 结构：在一立柱上装有两根不锈钢喷水管，喷回用水，在每根喷水管上装有4个扇形扁平喷嘴。

2) 功能：喷水预湿和调温。

3) 参数：立柱为220mm×220mm×4310mm方形型钢，热

图 2.2-27　预湿喷淋调温管

镀锌喷塑。喷水管径为 1/2″，喷水管材质为不锈钢、喷嘴材质为不锈钢。

（4）洗涤液喷淋管（一对）：（图 2.2-28）

1）结构：同预湿喷淋调温管。

2）功能：喷回用水，在主管内注入洗涤剂（酸、中性），均匀地喷在车体表面上。

3）参数：立柱为 220mm×220mm×4310mm 方形型钢，热镀锌喷塑。喷水管为 1/2″不锈钢钢管、喷嘴材质为不锈钢。

（5）侧面刷洗设备（图 2.2-29）：侧刷组（四对），侧顶弧刷组（二对）。

图 2.2-28　洗涤液喷淋管

1）结构：刷滚装在一个可摆动的刷架上，驱动装置安装在刷滚上端，便于检修和维护；刷架转轴上端装有一汽缸，可带动刷滚摆动28°。中间有固定限位块和传感器，确保运行安全；在刷柱上有一根喷水管。

2）功能：洗刷外皮侧面，由摆动马达推动刷架可适应不同型号的车宽洗刷，在保证吃毛量不变的情况下，可适应各种车型的宽度。

图 2.2-29 侧刷组

3）参数：

刷毛展开直径：$\phi1220$mm（侧刷组），$\phi1220\sim\phi1620$（侧顶弧刷组）。

刷组长度：3420mm。

刷轴转速：140 转/min。

电动机功率：2.2kW。

汽缸：MBT63-200。

刷毛直径：1.0mm，断面为四棱形意大利进口。

吃毛量：100～200mm。

立柱：250mm×250mm×4310mm 方钢管，热镀锌、喷塑。

喷水管：1/2″不锈钢管。

（6）端洗仿形刷组（一对）：（图 2.2-30、图 2.2-31）

1）结构：有一沿纵向可移动的两轮单轨小车，上部有一天轨，通过 4 个方钢钢管固定架上下相连，小车有一变频减速电动机驱动运行。端刷安装在一个可旋转 180°的转动架上，是由摆动马达实现旋转，端刷后端连接减速电动机驱动刷轴旋转，在转动架上部有一减速电动机驱动链轮，可使端刷沿导轨上下移动。

图 2.2-30　端刷组

图 2.2-31　端洗仿形刷组

在转动架上装两根喷水管,管上装有 3 个喷嘴。并装有控制位置的接近开关。为移动车上提供水管、气管、电线、控制线,通过固定支架上方,由拖链将管线引到小车上。

2) 功能:可自动仿形洗刷各种车型的头尾端曲面,由端刷的水平运动和垂直运动来实现的。停车洗刷端面,可自动寻找停车位置。通过摆动马达，使转动架旋转 90°带动端刷转出或收回，如有意外阻力，自动将端刷推回，可保护设备和车辆不受损伤。通过调整控制电流大小、阻力大小、气压等条件，使洗刷时不会使车上的雨刷器损坏。

3）参数：

① 行走小车

行走减速机电动机功率：0.55kW，SEW。

② 端刷机构

刷毛展开尺寸：ϕ920mm，1320mm×1800mm。

刷轴转数：100 转/min。

刷毛直径：1.0mm，断面为四棱形意大利进口。

吃毛量：100～200mm。

喷水管：1/2″不锈钢管。2 根。

减速机电动机功率：1.5kW，SEW。

摆动马达：MB200-270。

③ 提升机构

提升高度范围：900～4800mm。

减速机电动机功率：0.75kW，SEW。

(7) 清水喷水管（两组）：(图 2.2-32)

1）结构：同洗涤液喷水管。

2）功能：喷出清水。

(8) 强风吹扫（1 组）：(图 2.2-33)

1）结构：由高压风机及立柱组成。

2）功能：对清洗后的车体表面进行吹扫，将残留在车体表

图 2.2-32 清水喷水管

图 2.2-33 强风吹扫

面的水吹掉,加快车体表面的干燥速度。

3) 参数:风机型号:10-18N04A。

风量:1148m³/h。

风压:4374Pa。

电动机:3kW。

(9) 水循环及水处理系统

1) 集水坑:一个。

① 结构:混凝土池,内壁做防水、防腐处理,池内设置一个污水泵。

② 功能:用于收集洗车后的污水。

③ 参数:污水泵型号:50WQ20-15-2.2,$Q=20\text{m}^3/\text{h}$,$H=15\text{m}$,$P=2.2\text{kW}$。

2) 回收池:一个。

① 结构:混凝土池,池内有一污水泵。

② 功能:将洗车水收集于回收池内,再用泵定量送至沉淀池,水泵自动启停。

③ 参数:污水泵型号:50WQ20-15-2.2,$Q=20\text{m}^3/\text{h}$,

$H=15\mathrm{m}$,$P=2.2\mathrm{kW}$。

3）沉淀池：一个。

① 结构：混凝土，由3个隔断组成，内壁做防水、防腐处理；开有溢流孔，以便排除多余的回用水。

② 功能：将洗车水按设定量加入沉淀池内，将杂质进行沉淀，上清液流入除油池。

③ 参数：污水泵型号：QW50-20-15，$Q=20\mathrm{m}^3/\mathrm{h}$，$H=15\mathrm{m}$，$P=2.2\mathrm{kW}$。

4）除油池：一个。

① 结构：混凝土池，内壁做防水、防腐处理，池内设置一个污水泵，隔壁下部开有过流孔。

② 功能：经过沉淀池沉淀后的洗车水流入除油池内，将油隔留在池内，除油后的水从隔墙下孔流入生化池。

③ 参数：污水泵型号：50QW20-15-2.2，$Q=20\mathrm{m}^3/\mathrm{h}$，$H=15\mathrm{m}$，$P=2.2\mathrm{kW}$。

5）生化池：一个。

① 结构：混凝土池，内壁做防水、防腐处理，隔壁上部开有溢流孔，最底层装有24个曝气头，距底200mm高有一格筛，上面一层填充塑料球。另有一风机向曝气头鼓风。

② 功能：将除油后的水进行生化处理，除去有机物等杂质，清水从隔壁上孔溢流进生化水池。

塑料球：ϕ80mm。

曝气头：ϕ215mm，24个。

鼓风机：一台。

③ 参数：污水泵型号：25QW8-22-2.1，$Q=8\mathrm{m}^3/\mathrm{h}$，$H=22\mathrm{m}$，$P=1.1\mathrm{kW}$。

6）生化水池：一个。

① 结构：混凝土池，由一个隔墙分为两部分，内壁做防水、防腐处理。

② 功能：贮存生化水用，供机械过滤用。

7) 机械过滤器：(包括过滤泵两台) 两台，如图 2.2-34。

图 2-2-34　机械过滤器

① 结构：两台全自动机械过滤器（多路阀采用美国进口），一台内填石英砂；另一台内填活性炭。

② 功能：两台串联，除去悬浮物和杂质等。

③ 参数：全自动机械过滤器 $\phi1200mm$，处理能力 15t/h。

8) 回用水池：一个。

① 结构：混凝土池，内壁做防水、防腐处理。

② 功能：机械过滤后的水存贮，供洗车回用中水。

(10) 供水系统

图 2.2-35　多级离心泵

供水系统供给设备采用多级离心泵（图 2.2-35）供水，压力和流量稳定，且可调。

1）结构：洗车泵组由 7 台不锈钢立式离心泵组成。

2）功能：供洗车喷水用，可调压调流量。

3）参数：格兰富不锈钢立式离心泵型号：CRN10-6，$Q=10m^3/h$，$H=48m$，$P=2.2kW$。

(11) 加药定量泵：2 台隔膜泵（图 2.2-36）

图 2.2-36　定量泵站

1）结构：加药定量泵站，由隔膜泵、电接点压力表及药液管组成。

2）功能：为洗车提供洗涤剂。

3）参数：SEKO 定量泵型号：PS1D038C，流量 50L/h，压力 0.8MPa，电动机功率 0.09kW。

(12) 压缩空气系统：一套（图 2.2-37）

压缩空气系统是刷组摆动的动力来源，空压机采用台湾复盛品牌螺杆式空压机，空压机带有冷干机，去除压缩空气中的水分。

1）空压机：1 台。

参数：复盛双螺杆空压机型号：SA08AF，排量 $1.1m^3/$

图 2.2-37 压缩空气系统

min,压力 0.85MPa。

2) 储气罐:1台。

参数:型号 JS-A,外形尺寸 $\phi 800 \times 2407$mm,工作压力 1MPa,容积 $1m^3$。

3) 二位五通电磁阀:14个。

参数:型号 SYT7120-02,保护等级 IP65,使用压力 $0.15\sim 0.8$MPa。

4) 气源处理元件(二联件):14个。

参数:型号 AC20A-02,调节压力范围 $0.05\sim 0.85$MPa。

(13) 电气控制系统:一套

1) 控制及报警系统

控制及报警系统包括:操作台、控制柜、配电柜、监视器。

① 操作台安装的有 SCADA 监控系统、视频监视系统、指示灯和控制旋钮。SCADA 监控系统通过电脑与 PLC 通信,监控洗车机系统设备的运行情况;视频监视系统使用高清晰视频球形摄像头,摄像头可以 360°旋转,实时监视洗车库内的情况;指示灯指示系统的工作情况及功能状态;控制旋钮根据功能的不同,可以发送相应的控制命令。

操作台分4个部分：主操作面板、1号操作面板、2号操作面板、3号操作面板和4号操作面板。其中，主操作面板主要用于洗车机操作模式选择，车型选择，仿形刷组的启动，自动洗车时控制等。1号、2号、3号、4号面板主要用于手动调试（图2.2-38）。

图2.2-38 操作台

② 主控制柜为两组联体的电控柜，其中一个是为主控柜；另一个是变频控制柜。

变频控制柜，变频控制柜内主要安装了一套PLC系统和6台变频器，分别控制端刷的旋转、行走和升降。

如图2.2-39，主控制柜内主要安装了一套PLC系统，控制整个洗车机的自动洗车程序。

两个控制柜的结构为前后双开门结构，前后分别安装电气控制元件。每个控制柜顶部安有4台换气风扇，在前后控制柜内分别安装有检修灯，控制柜门打开，检修灯亮。

2）闭路电视监视系统

闭路电视监视系统包括监视器、带云台的摄像头、硬盘录像机等组成；视频监视系统使用高清晰视频球形摄像头，摄像头可以360°旋转，实时监视洗车库内的情况，洗车的监视画面如图2.2-40。

图 2.2-39　主控制柜

图 2.2-40　洗车机的监视画面

主要功能：

① 监控显示功能：工艺流程、设备运行状态、操作模式、报警等显示、画面调用等功能；能自动跟踪、自动监视、自动反馈、全方位监视设备各分系统组件的运行和机车的位置。

② 报警处理和报表生成功能：遇到故障能自动报警，通过监视器能准确报告故障发生部分和故障类型，以利操作人员能及时迅速处理故障，提高系统的自我维护能力。

③ 数据库存储与访问功能：通过 EXCEL 数据库自动记录和存储被洗列车车号、列车时速、开始时间、洗车时间等重要参数，并能调出历史数据库查看以前的洗车记录。

④ 确保运行安全：为了保证电气控制系统的可靠性，在关键元器件和系统组合上运用冗余设计和互锁、连锁原理，确保运行安全。

⑤ 有手动和自动功能：为了便于调试和检修，系统具有手动和自动的双重控制功能。

⑥ 精确的定位功能：伺服控制系统精确的定位控制，端部刷组与端面方向定位功能。

⑦ 自动保存文件功能：系统加自线式 UPS 掉电自动保护系统，在停电和其他紧急情况下自动保存文件的紧急处理。

⑧ "紧急停车"功能：在控制室洗车库两端设有在遇到紧急情况下能停止所有设备的运行。

⑨ 接地保护功能：系统具有防雷电设计和良好的接地保护功能。

⑩ 智能保护功能：刷组、水泵电动有机智能保护功能。

2.2.3 固定式架车机的功能和各组成部分名称

1. 概述

架车机主要有固定式架车机和移动式架车机两种，主要用于铁路、地铁客车车辆及符合此使用条件的其他车辆检修时的架车作业，是车辆段与综合基地检修主厂房大修/架修库内临修列位的专用设备，以便对车体、转向架及其他部件进行维修和更换作业。本节主要介绍南宁地铁 1 号线 DJCJ-C-NN1 型整体地下式固定架车机。

2. DJCJ-C-NN1 型整体地下式固定架车机

（1）功能

固定式架车机用于整列车辆转向架的更换、车辆的拆卸、装配及维修，能满足对 6 节编组列车在不解编状态下的同步架车作业。固定式架车机可以对整列编组列车中所有转向架同时进行更换，也可以对整列编组列车中的任一个转向架进行更换。

（2）机械系统结构

机械系统结构主要包括钢结构部分、转向架架车单元、车体架车单元、盖板部分等组成。各部分详细组成如图 2.2-41~图 2.2-43。

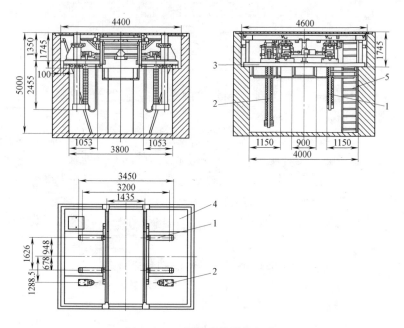

图 2.2-41 机械系统结构组成
1—转向架举升单元；2—车体举升单元；3—钢结构；4—盖板；5—维修平台和梯子

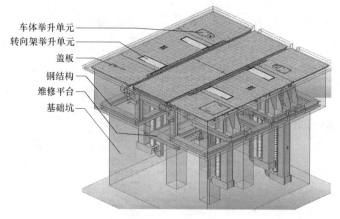

图 2.2-42 设备总体外观图（一）

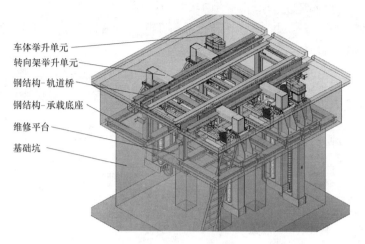

图 2.2-43 设备总体外观图（二）（去掉盖板）

1) 钢结构部

钢结构部分主要由架车单元承载底座、轨道桥（辅助轨）、举升单元安装座等组成。如图 2.2-44 所示。

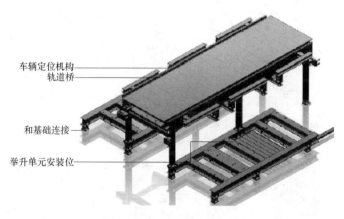

图 2.2-44 钢结构总体组成

① 承载底座是转向架架车单元和车体架车单元的安装和承载部件。

② 轨道桥（或称为辅助轨）与库内的车间钢轨平齐，确保列车的顺畅通过。在轨道桥上装有车轮定位装置，用于判断车辆停放位置是否正确。

只有车轮准确地停到车轮定位位置才允许进行举升作业，否则由于控制系统的电气连锁不允许进行举升作业，以确保架车的绝对安全。

2）转向架架车单元

每套转向架架车单元主要组成包括：

4 个转向架举升组成；

2 条举升轨道梁；

1 套驱动系统及 1 套驱动系统安装座；

1 套跟随盖板

如图 2.2-45 所示。

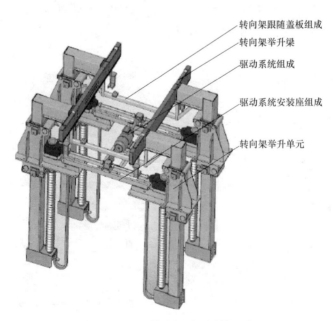

图 2.2-45　转向架单元总体组成

各部分组成详述如下：

① 转向架举升组成主要由转向架举升柱、导向箱体及丝杠/螺母传动系统等部件组成。

转向架举升柱设计为"冖"型结构，其端部与举升轨道梁连接，确保转向架可以从轨道梁下方顺畅的通过。导向箱体是举升柱的导向部分，其上安装的导向轮确保举升柱可以垂直的升降，并用来承受载荷对举升柱产生的弯矩作用。丝杠/螺母系统采用具有自锁功能梯形螺纹机构，确保系统在任何位置均能可靠的自锁。丝杠/螺母传动系统采用承载螺母和安全螺母的双螺母设计。

每套丝杠/螺母传动系统均由集中润滑装置统一进行润滑，当架车机运行时润滑装置自动投入工作。该润滑器安装在维修平台墙壁上，工作时由油泵供油至分配阀上，分配阀再通过油管将油注入相应的丝杠/螺母上。考虑到架车机运行的频率，润滑器上配有手动调节工作时间的装置，同时考虑到丝杆的安全，还设置了"油量不足"的报警信号，注油器如图 2.2-46。

图 2.2-46 注油器

② 举升轨道梁是转向架的承载部分。采用箱形焊接、凹槽结构，主体结构为 H 型钢，确保具有足够的强度、刚度和举升过程中车轮在轨道上的安全。轨道梁内侧装有工业型灯管，提高了转向架检修作业时下部空间的照度。

③ 驱动系统由1套安装座、1个驱动电动机、4个伞齿轮减速箱、3输出（或4输出）换向器、柔性轴/联轴器等组成。如图2.2-47所示。

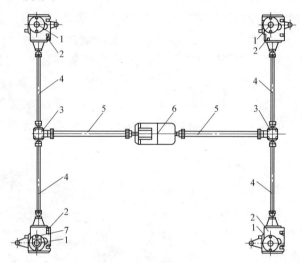

图 2.2-47　驱动系统组成

1—Tr75x12丝杠；2—伞齿轮减速箱；3—换向器；4—柔性轴联轴器组成；
5—柔性轴联轴器组成；6—电动机（带制动）；7—凸轮开关

④ 跟随盖板主要是架车过程中随着举升柱同时上升，以防止在架修过程中工具和零件落入架车机系统内，架车结束后随举升柱同时收回到地坑内。

3）车体架车单元

车体架车单元主要由车体举升柱、导向箱体、托头、丝杠/螺母传动系统等组成。如图2.2-48所示。

① 车体举升柱为方形结构，其下端的螺母箱为承载螺母的托架部分。

② 导向箱体为抗扭转的箱形结构，侧面安装导向轮，用于承受立柱垂直升降过程产生的弯矩。导向轮处需定期注油保养。

③ 托头在举升单元的最顶部，内部放置有车体承载开关，用于检测车体单元加载到位。

④ 丝杠/螺母传动系统是车体架车单元的传动机构，丝杠、螺母采用具有自锁功能的梯形螺纹。丝杠/螺母传动系统采用了包括承载螺母和安全螺母的双螺母设计，两螺母之间设定的初始为间隙 $X = 10\text{mm}$（图2.2-49、图2.2-50），当两螺母之间距离减小到7mm时，这时必须更换承载螺母。如果继续磨耗，当承载螺母磨损极限时，将触发螺母耗损保护开关使系统自动停机。为此，丝杠螺母之间的距离应每年测量一次，并填写记录表，以便掌握螺母的磨耗情况，及时准备备件。每个

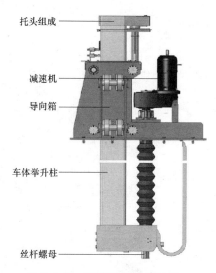

图 2.2-48　车体架车单元组成

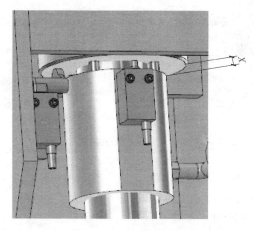

图 2.2-49　螺母间隙示意图

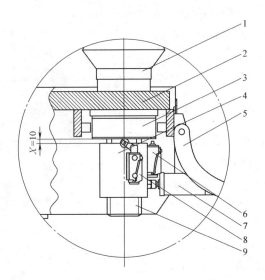

图 2.2-50 双螺母组成及间隙测量示意图
1—丝杠护套；2—螺母箱；3—承载螺母；4—安全螺母；5—电缆拖链；
6—螺母磨损监控；7—润滑器；8—障碍物监控；9—丝杠 Tr75×12

地坑的丝杠/螺母传动系统均设有集中润滑装置。

4）地坑盖板组成（图 2.2-51）

图 2.2-51 地坑盖板组成

地坑盖板组成主要包括固定盖板和活动盖板。

① 所有盖板均采用防滑的花纹钢板及型钢焊接而成，具有足够的强度和刚度，能够确保 3t 叉车满载安全通过和作业人员的安全。

② 固定盖板主要设置在设备的非活动区域，由多块盖板拼装组成。

③ 活动盖板包括举升轨道梁区域的跟随盖板和车体架车单元举升区域的跟随盖板。跟随盖板用于填补轨道梁和托头升起后的空缺区域。

(3) 电气控制系统

1) 电气控制系统概述

地坑式架车机电气控制系统主要由硬件和软件两大部分组成。

其中，硬件系统主要包括主控柜（主操作台）、分控柜、本地控制器和现场电气设备组成；软件系统主要包括工控机软件、触摸屏软件和PLC软件。

2) 硬件部分

① 主控柜及主操作台

设备设置1个主控柜（主操作台）。主控柜设置于6号、7号地坑的中间位置（图2.2-52）。

图2.2-52　主控柜照片

主控柜内设有为各分控柜供电的电路、触摸屏（图2.2-53）、主控 PLC/监控 PLC 和控制电路、信号指示等。触摸屏作为 PLC 的人机界面，用于 PLC 参数的设置、架车机的操作与状态显示、报警提示等任务。

图 2.2-53　触摸屏显示界面

控制系统采用双 PLC 结构，其中主控 PLC 采用西门子 S7-300 系列产品作为控制系统的核心，用于完成整个系统的功能选择、位置检测及逻辑控制；监控 PLC 采用西门子 S7-300 系列产品作为监控系统的核心，用于对整个系统的升降状态及高度脉冲等进行监控。

架车机有 2 种工作模式和 1 种检修模式：

同步联控模式：用于操作整列转向架或车体架车单元，是系统的主要工作模式。

本地控制模式：用于操作单个转向架或车体架车单元，也可用于系统的检修及调试。

检修模式：用于系统检修。

② 分控柜（图 2.2-54）

分控柜设置在每个基础地坑中，内部设有为坑内电气设备供电的配电电路，主控 PLC 子站、监控 PLC 子站、柜内通风、除湿系统与坑内通风控制系统。

主控 PLC 子站和监控 PLC 子站采集坑内各信号的状态，通过各自的 Profibus 通信电缆将其分别上传到主控 PLC 和监控

图 2.2-54　分控柜

PLC，主控PLC和监控PLC再根据程序运算将坑内的各控制信号通过Profibus通信电缆下传到主控PLC子站和监控PLC子站，完成指定的控制动作。

③ 本地控制器

本地控制器设置在每个基坑的两侧，在得到主控柜的授权后才具有本地控制权。通过柔性电缆与分控柜连接，使用时打开盖板即可拖出，使用后放回本地控制器盒内。

如图2.2-55，主控柜侧的本地控制器具有选择按钮，可以选择主侧控制的对象：车体举升单元或转向架举升单元；另一侧的本地控制器只能控制。

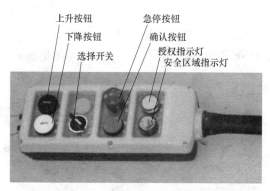

图2.2-55 主控柜侧本地控制器

各按钮盒按钮定义和说明如下：

授权：蓝色指示灯。当主控台授予本地控制器操作权力灯亮时，本地控制器才有操作权限。如果主控台授权某台转向架单元（或车体单元）单控，且在本地控制器将切换按钮上切换到转向架单元（或车体单元）上时，指示灯才会亮起。

120mm：安全区域红色指示灯。当架车单元上升（或下降）距离地面120mm的安全区域时，指示灯亮起，如果要继续下降，需要按住下降按钮和绿色的确认按钮。

急停：紧急情况下，按下该按钮，停止所有架车动作，当处理故障后需要解除急停状态时，急需旋转并拔出该急停按钮。

确认：绿色按钮开关。关键动作的确认及整列架车时现场人员的整列同步架车确认，当现场任意一个"确认"键被释放，将停止所有架车动作。

车体/转架选择开关：两位自保持型旋钮型选择开关，用于选择单控车体举升单元或单控转向架举升单元（注：该开关只在主控台侧的本地控制器上有）。

上升：通过该按钮控制车体或转向架举升单元上升。

下降：通过该按钮控制车体或转向架举升单元下降。

④ 现场电气设备

现场设备主要包括驱动电动机、限位开关及传感器、分线盒、电缆等组成。

电动机包括以下几类：转向架单元升降电动机（图 2.2-56）、车体单元升降电动机（图 2.2-57）以及地坑通风机电动机。

图 2.2-56 转向架单元升降电动机

图 2.2-57 车体单元升降电动机

限位开关及传感器主要有以下类别：上/下工作限位、上/下安全限位、螺母磨损监控开关、障碍物监控开关、车体架车单元承载监测开关、同步检测开关、车轮到位开关等。各开关、传感器的设置功能及位置如图 2.2-58～图 2.2-62 所示。

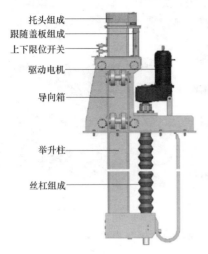

图 2.2-58 车体上/下限位保护开关

图 2.2-59 转向架上/下限位保护开关

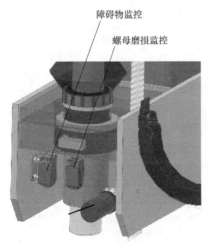

图 2.2-60 障碍物监控开关、螺母磨损监控开关

图 2.2-61 车轮到位开关

分线盒用于电缆的转接与分接，装设在各转向架单元和车体架车单元的螺母盒及举升立柱的箱体位置（图2.2-63）。

图2.2-62 同步脉冲监控开关

图2.2-63 分线盒

⑤ 架车单元开关、传感器的设置功能表（表2.2-2）

架车单元开关、传感器的设置功能表　　表2.2-2

序号	规格	功能描述	所属单元	所处位置
1	障碍物监控开关	举升柱下降过程中遇到障碍物时触发该开关	转向架架车单元、车体架车单元	丝杠螺母位置
2	螺母磨损监控	承载螺母严重磨损或破裂时触发该开关	转向架架车单元、车体架车单元	丝杠螺母位置
3	同步脉冲监控开关	用于各举升柱之间同步脉冲的获得及同步控制	转向架架车单元、车体架车单元	丝杠齿轮盘部位
4	托头承载指示开关	车体架车单元托头承载时触发该开关	车体架车单元	托头承载点下方
5	车轮到位开关	用于确认车辆是否在架车单元上正确就位	转向架架车单元辅助轨道上首车及尾车部位	轨道桥上
6	车体上、下限位开关	用于举升柱上下工作限位、上下安全限位	车体架车单元	车体举升单元导向箱

（4）DJCJ-C-NN1型地坑式固定架车机主要技术参数

1）基本参数

① 总功率：约85kW（未考虑电动机启动冲击）。

② 工作电压：AC220/380V。

③ 设备最大噪声：小于70dB。

④ 地坑盖板承重：可以承载3t全负荷叉车在上面运行。

⑤ 设备净重：约13t/台×12=156t。

2）转向架（车辆）架升系统

① 提升能力

1台（套）转向架（车辆）架升单元：20t。

1个车位转向架架升单元：40t。

② 有效提升行程：1700mm。

③ 升降速度：350mm/min。

④ 驱动功率：5.5kW。

⑤ 螺杆直径：TR75×12。

3）车体举升系统

① 提升能力

1台（套）车体架升单元：11t。

1个车位车体架升单元：44t。

② 有效提升行程：2800mm。

③ 升降速度：350mm/min。

④ 驱动功率：3kW。

⑤ 螺杆直径：TR75×12。

4）举升柱同步升降精度要求

① 同一车位转向架（车辆）架升柱之间高度差：±4mm。

② 同一车位车体架升柱之间高度差：±4mm。

③ 任意两车位之间转向架（车辆）架升柱高度差：±4mm。

④ 任意两车位之间车体举升柱高度差：±4mm。

5）传动系统关键零部件参数

① 转向架架车单元驱动电动机：

型号：SK132S/4Bre100HLRGWE。

名称：电动机。

安装方式：B3底角安装。

电压/频率：3AC380V，50Hz。

额定功率：5.5kW。

输出转速：1450转/min。

输出扭矩：36.5N·m。

绝缘等级：F。

防护等级：IP55。

制动力矩：100N·m。

制动电压/频率：220V，50Hz。

箱体：手动释放；两端输出轴。

② 转向架架车单元减速箱：

型号：SK9016.1AZD-W。

名称：斜齿轮伞齿轮减速机。

安装方式：M5/M6。

电压/频率：3AC380V，50Hz。

传动比：46.1。

输出转速：30转/min。

输出扭矩：max610N·m。

润滑油：矿物油，ISOVG220。

箱体：伞齿轮直角轴结构；空心轴、小法兰（AZ）设计；带扭矩臂。

③ 换向器技术参数：

型号：KA9。

名称：换向器。

传动比：1∶1。

安装方式：底角安装B3。

④ 联轴器技术参数：

联轴器型号：Centaflex-X-2。

额定扭矩：30N·m。

最大扭矩：60N·m。

最大转速：10000转/min。

联轴器型号：Centaflex-X-8。

额定扭矩：120N·m。

最大扭矩：280N·m。

最大转速：7000转/min。

⑤ 车体架车单元垂直升降减速电动机：

型号：SK4282AZG-100LA/4Bre40。

名称：平行轴斜齿轮减速电动机。

安装方式：M4。

电压/频率：3AC380V，50Hz。

额定功率：3kW。

输出转速：31转/min。

输出扭矩：924N·m。

绝缘等级：F。

防护等级：IP55。

润滑油：矿物油，ISOVG220。

制动力矩：40N·m。

制动电压/频率：220V，50Hz。

箱体：平行轴结构；空心轴、两端小法兰（AZ）设计；带扭矩臂缓冲块；手动释放；两端输出轴。

3 岗位操作技能

3.1 不落轮镟床操作

3.1.1 控制/操作面板功能介绍

U2000-400M 不落轮镟床的操作设备主要有主操作/控制面板、手持操作设备、左右滚轮座上的操作面板。

1. 主控制/操作面板

如图 3.1-1，主控制面板总览：包括系统监视器及其按键、数据输入键盘及机床控制面板三部分组成。

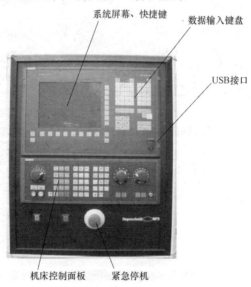

图 3.1-1 主控制/操作面板

此外急停按钮是在人身、工件或机床有危险的紧急情况下使用，按箭头方向旋转可以释放急停按钮。

(1) 监视器及按键系统（图 3.1-2）

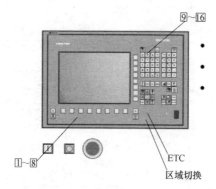

图 3.1-2 监视器及按键系统

利用该按键可以从任何一个操作区域切换到机床区域。

按"RECALL"（返回）键可返回上一级菜单。

1～8 通过快捷键调用功能，被调用的功能在屏幕中该快捷键上方显示。

9～16 通过快捷键调用功能，被调用的功能在屏幕中该快捷键的旁边显示。

> 如果有扩展菜单，按"ETC"（菜单扩展）键可以扩展快捷键条。

区域切换（菜单选择）

(2) 数据输入键盘（图 3.1-3）

通过数据输入键盘有以下方式输入：
1) 用光标键选择相应的区域；
2) 用键盘键入新的数据；
3) 按 ENTER 确认；

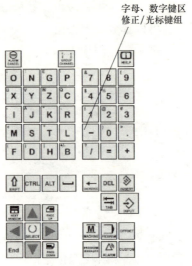

图 3.1-3 数据输入键盘

4) 按键 OK。
(3) 机床控制面板(图 3.1-4)

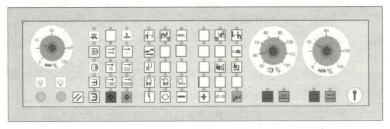

图 3.1-4 机床控制面板

接通/断开控制按键:这些按键用来接通和关断控制电压。

复位按键:按"复位"按键可停止所有的运动、中断所有的程序运行以及删除数据。

进给倍率(左侧、右侧)滚轮:在"自动"操作模式下,可以在0%~120%之间降低或升高。

滚轮驱动装置倍率滚轮:在"自动"操作模式下,可以在50%~120%之间降低或升高。

工位照明按键:该键用来接通和关断为操作员服务的工位照明,该键以开关方式工作。

降低工位照明亮度按键:使用该键可使照明亮度降低50%。

点动模式(调整)按键:所有的机床功能都可以通过机床控制面板手动控制。

参考点按键:正常运行时不需要按该按键。

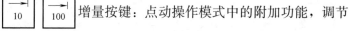增量按键:点动操作模式中的附加功能,调节

进给步幅。

 示教模式按键：工件程序的创建和修改。

 自动模式按键：工件程序选中后可以连续执行，按下该按键后，所有其他操作模式的选.被取消。

 MDA 按键：是自动操作模式的附加功能，手动输入，自动执行。

 单段按键："单段"是自动模式的附加功能。可以控制单段程序的启动及停止。

 NC 停止按键

 NC 启动按键：用于启动机床和执行程序

 预选左滑架按键：由此激活所有与该侧相关的按键。

 接通/关闭排屑机按键：控制排屑机的起停

 测量探头上/下移动（预选）按键：用"正向"/

"负向"按键可移动探头。

轮架上/下移动(预选)按键:用"正向"/"负向"按键可移动轮架。

故障确认(删除故障)按键:在发生故障时该按键的 LED 指示灯会闪烁。当故障排除后,必须按该按键确认。

强制单个切屑断屑(左)按键:可以按该按键强制进行单个切屑的断屑,只在自动操作模式下有效。

MMC 就绪按键:当应用程序"MmcAppl"被启动,并且 PLC、CNC 和 MMC 之间的通信就绪时,该按键的指示灯会亮起。

打开/关闭滑轨(选择)按键:用"正向"/"负向"按键可打开/关闭滑轨。

正向(工作位置)按键:与预选按键配合使用,执行相应运动。

负向(初始位置)按键:与预选按键配合使用,执行相应运动。

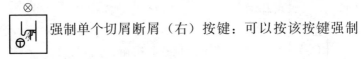强制单个切屑断屑(右)按键:可以按该按键强制进行单个切屑的断屑,只在自动操作模式下有效。

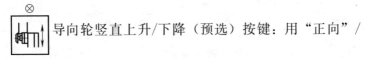导向轮竖直上升/下降(预选)按键:用"正向"/"负向"按键可竖直移动导向轮。

预选右滑架按键:由此激活所有与该侧相关的按键。

接通/断开烟雾抽吸装置按键:控制烟雾抽吸装置的起停。

导向轮水平靠上/退回(预选)按键:用"正向"/"负向"按键可水平移动导向轮。

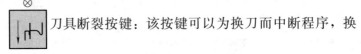刀具断裂按键:该按键可以为换刀而中断程序,换刀完成后,加工可以通过"NC启动"按键恢复。

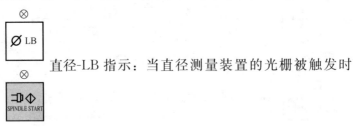直径-LB指示:当直径测量装置的光栅被触发时亮起。

启动/停止主轴按键：用于启动和停止主轴运转。

启动/停止进给按键：用于启动和停止进给运动。

权限钥匙开关：1）操作员位置（黑色钥匙）
2）服务位置（绿色钥匙）
3）系统管理员（红色钥匙）

2. 手持操作设备（图3.1-5）

图3.1-5 手持操作设备

按动手持操作设备上的确认键将会导致主操作面板上所有刀架预选和移动键无效。

手持操作设备显示屏（图3.1-6）上显示在选定的运动轴上相对机床零点的当前位置。

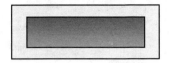

图 3.1-6　手持操作设备显示屏

 左侧刀架预选按键：该键用来预选左侧刀架。

 右侧刀架预选按键：该键用来预选左侧刀架。

 滚轮驱动装置开按键：启动滚轮驱动装置。

 滚轮驱动装置关按键：关闭滚轮驱动装置。

 手轮开/关：以该键可激活手轮，为移动某一根轴，必须预选定左刀架或右刀架，移动方向由手轮的旋转方向决定。

 开门许可按键：开门前，必须预选定左侧或右侧。按该键时，驱动装置停止转动，液压系统关断。同一时间内只可有一扇门打开。

 快速位移键：该键用来快速移动预选的轴。

 方向键：该四个键用来使所选的功能上下左右移动。

进给倍率：在"点动"操作模式下，可以在0%~120%之间降低或升高。

手轮：用来调整预选滑架上预选运动轴的运动。

紧急停机按钮：紧急情况下停止所有功能。

确认键：当门打开后，要执行一个运动（外轴承、顶尖套）必须还要将侧面确认键按到第1个按压点。

3. 压爪控制按钮（图3.1-7）

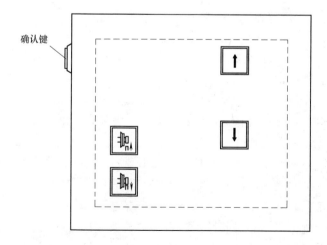

图3.1-7 压爪控制按钮

外轴承固定装置上行键：用该键可使外轴承固定装置向上运动。

外轴承固定装置下行键：用该键可使外轴承固定装置向下运动。

支撑装置向上键：用该键可使支撑装置向上运动。

支撑装置向下键：用该键可使支撑装置向下运动。

确认键：当门打开后，除了执行一个运动，还必须按侧面确认键，直到达到第一个压力点。

3.1.2 不落轮镟床基本操作方法

1. 安全注意事项

操作人员应接受过专门的不落轮镟床操作培训，并全面阅读《不落轮镟床操作手册》，操作前应先向调度请点，然后按规定穿戴好劳动防护用品，检查对讲机通信功能是否良好。

当操作人员操作镟床加工轮对时，无关人员不得在工作场所停留，不得阻碍操作人员视线。使用不落轮镟床前，操作人员应检查不落轮镟床有无异常情况，如出现异常情况，操作人员不得作业，并且不得利用不落轮镟床作镟削轮对以外的其他用途。未经专业技术人员审核，任何人严禁修改内部程序和参数。

操作人员到达镟轮库后检查不落轮镟床所在线路有无异物，人员是否出清，检查滚轮上是否有油污，若有，必须清除。同时确认安全门全部关闭以及所有急停按钮被释放，不落轮镟床安全装置见图 3.1-8。

图 3.1-8　不落轮镟床安全装置

2. 基本操作要点

系统送电：打开主电源开关，再打开电气控制柜电源开关。待机床控制面板的所有工作模式指示灯闪烁及主轴锁定键、进给锁定键、点动锁定键的指示灯同时在常亮状态，系统上电成功。待人机系统进入"识别"界面，启动液压泵，待机 10min。检查不落轮镟床两侧的信号灯指示是否正常。

输入数据：点动模式下进行镟床试运转，确认各部件动作正常后恢复至初始位置。选择自动模式，进入自动状态。信号灯绿灯亮时轮对可进入镟床区域（红灯表示禁止进入），蓝灯和黄灯同时亮表示轮对已对中。在"识别"界面下，操作人员按要求输入数据。

轮对装夹：如图 3.1-9，轮对对中后，选择夹紧-松开界面，按 NC 启动按钮，驱动轮自动升起，活动轨自动打开，系统出现提示"装好轴承固定装置！以 NC 程序启动继续！"。关闭液压站后，操作人员方可打开安全门进行轮对装夹。待压爪装夹完毕后，方可控制侧压轮上升压紧轮对。

图 3.1-9 轮对装夹

加工前测量：如图 3.1-10，选择预测量界面，在加工前测量配置菜单中选择测量项目（轮对内侧距测量、轨距、轴向窜动测量、直径测量、径向跳动测量、轮缘厚度、轮缘高度、QR 尺寸）。关闭液压站后，方可打开安全门贴反光标签。启动主轴前，将主轴转速及进给量旋钮旋至 100%，启动系统进行加工前测量，测量完成后测量数据会在屏幕上显示。在预测量界面上进行计算。选择"变型列表"，选择相应轮缘厚度。

轮对加工：如图 3.1-11，选择加工界面，输入相应直径值。在加工界面查看与加工有关的切削深度，确认目标直径值后，将主轴转速及进给量旋钮旋至 80%，启动机床进行切削加工。一次切削完成后操作人员必须打开安全门进行清洁。清洁完成后及时将主轴转速及进给量旋钮旋至 100%，方可启动机床进行加工中测量，测量结束后立即将主轴转速及进给量旋钮旋至 80%，自动进行二次镟削。

图 3.1-10　加工前测量

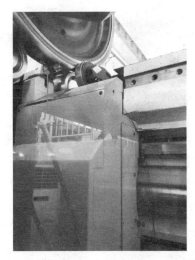

图 3.1-11　轮对加工

换刀：在加工过程中若需更换刀粒或出现蹦刀情况，选择"刀具破损"功能，刀架（图 3.1-12）自动回到初始位置，操作人员打开安全门进行换刀。稍微转动几圈，以松开紧固螺栓 3，连同紧固螺栓一起取下转位刀片 4，将可转位刀片转位或者更换，随后上紧紧固螺栓 3。刀具更换完成后，关闭安全门，启动液压站，启动机床进行继续加工。

加工后测量：镟削完成后，操作人员打开安全门进行清洁。清洁完成后，关闭安全门，启动液压站，及时将主轴转速及进给量旋钮旋至 100%，进行加工后测量。

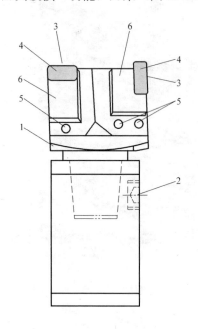

图 3.1-12 刀架示意图
1—刀架；2—定位螺钉；3—紧固螺栓；
4—刀具；5—刀具上紧螺钉；6—刀夹

轮对卸载：关闭液压站后，方可打开安全门进行轮对卸载。操作人员降下千斤顶，千斤顶下降完成后，关好安全门，启动液压站。选择夹紧松开界面，启动系统后侧压轮自动收回，活动轨自动闭合。关闭液压站，打开安全门，将压爪恢复初始位置。手动完成卸载后，取下轮对反光标，关好安全门。

数据打印：如图 3.1-13，松开过程结束后，系统自动打印数据。

系统断电：待系统自动完成所有步骤后，关闭液压站，退出机床系统，关断电柜主电源，最后关闭配电柜电源。将机床控制面板上的 2 个刀架进给倍率旋钮调至 0%，主轴进给倍率旋钮调

图 3.1-13 数据打印

至 50%。

作业后：所有加工任务完成后，清洁不落轮镟床及工作场所范围，并填写不落轮镟床运行记录本。

3.2 固定式架车机操作

3.2.1 固定式架车机系统操作模式

地坑式架车机系统有 3 种操作模式：

（1）联控模式（Group mode）。

（2）单控模式（Single mode）。

（3）维修模式（Repair mode）。

所有操作模式（包括单控模式）均通过主控制台上的触摸屏来进行选择。

1. 联控模式

这一操作模式主要用于同步升降 1～6 辆编组列车。这时，升降装置是通过主控制台（MSC）来控制，并通过悬挂在地坑口的本地控制器确认按钮来应答信号。

主控制台上有 4 个动作按钮，分别是转向架升、转向架降、车体升、车体降，它们分别用来转向架联控升降或车体联控升降相应的举升装置。

2. 单控模式

当举升系统被激活时，自动默认为单控模式。当选择单控模式时，主控台授权待动作举升装置，现场人员正确选择待动作举升装置（车体\转向架）。主控人员与现场人员选择一致，本地控制器授权指示灯闪烁，每台单独的车体单元、转向架由本地控制器的来控制。

单控（地坑）模式下控制用的本地控制器区分主从，控制台侧的本地控制器为主，对面本地控制器为从。主侧本地控制器控制转向架单元及主侧车体单元，从侧本地控制器只控制从侧车体单元。

3. 维修模式

维修模式只有经过专门培训和经授权的人员才能激活维修功能，该功能用于无车检修，或架车机系统工作过程中出现故障的紧急操作。转向架单元在无车状态下禁止升降，只有两侧的车体单元托头压力加载后，中间的转向架允许升降动作。

3.2.2　固定式架车机操作方法

1. 安全注意事项

固定式架车机系统只能由有资质和被授权的人员操作。操作前必须先指定一名专门的操作人员，全面阅读及理解设备所有信息。只有经过专门培训或经过授权的人员才能激活设备维修模式，在这种状态下，固定式架车机系统的操作只能在相关维护人员的监督下使用。未经许可的人员不得进入固定式架车机系统的任何位置。

操作固定式架车机必须正确穿戴好劳保用品，在开始操作架车机前，先熟悉一下工作环境，应目视检查固定式架车机系统是否有明显损坏，并确认车体举升单元与相应的电客车顶升点正确对位。随后进行一次空载模拟架车试验，以确保架车机的正常运行。联控操作前，必须按下触摸屏上的"电铃"按钮，长响一声进行警示后，方可操作。

操作时必须密切注意动作单元，观察设备运行时有无异常情况。当发现任何异常情况时，应立即按下急停按钮，关闭电源，并对设备技术状态进行检查。架车过程中如发现对人和设备有危险情况出现时，应立即按下急停按钮。当触发停机后，进一步纠正措施只能由经过培训的人员来进行。只要有人在举升柱下或在举升载荷的投影区域内，禁止进行任何举升或下降作业。固定式架车机操作过程中，禁止非专业人员触碰主控台上的钥匙和任何按钮，如图 3.2-1 为禁止操作的情况。

图 3.2-1　禁止操作

2. 操作要点

（1）架车机主控操作台（图 3.2-2、图 3.2-3）

（2）准备工作

架车前准备：开启电源开关，等待系统初始化，输入密码后进入操作系统主界面。注意观察人机界面中"主界面"的"系统工作状态"指示灯是否变亮。架车机操作人员就位后确认电客车车轮是否到位，准备好对讲机，等待主控台指令。

编组前准备：固定式架车机所有举升单元必须处于最低位

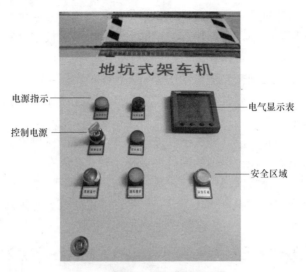

图 3.2-2　架车机主控操作台（一）

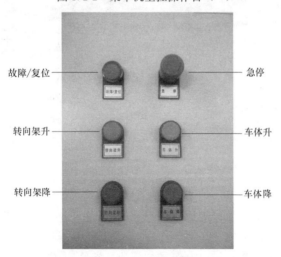

图 3.2-3　架车机主控操作台（二）

置，此时，触摸屏内"车辆编组"状态指示器闪烁。固定式架车机主控台操作人员与电客车调车人员确认电客车轮对到位。根据实际的车轮探测开关到位情况，进入触摸屏"车辆编组"界面，选择与之对应的"屏选车辆 X"按钮,选择确认后按下"编组确认"按钮。该过程结束后,"车辆编组完成标志位"显示为绿色。

(3) 整列检修模式

车辆编组:进入触摸屏"车辆编组"界面,根据实际的车轮到位情况,选择"屏选车辆 X",然后按下"编组确认"按钮,此时若编组正确,则"车辆编组"界面的"车辆编组完成标志位"指示灯显示为绿色;同时"主界面"中的"车辆编组标志位"指示灯也需变成绿色,此时才可以进行车辆架车作业。

联控转向架升:进入触摸屏"主界面"选择"转向架联控"按钮。主控人员联系现场人员,确认现场无异常后,所有现场人员按下本地控制器"确认"按钮,主控人员再按下主控制台"转向架升"按钮,转向架同步上升,到 50mm 高度时自动停止,现场作业人员检查确认安全后,同步举升到距轨面 950mm 高度。

联控车体升:进入触摸屏"主界面"选择"车体联控"按钮。主控人员联系现场人员,确认现场无异常后,所有现场人员按下本地控制器"确认"按钮,主控人员再按下主控制台"车体升"按钮,车体同步上升至 1700mm 高度。

进入触摸屏"主界面"选择"单控模式"按钮。点击"单控选择"按钮,激活单控选择界面。按下"选择/取消前三辆车体"和"选择/取消后三辆车体"按钮,单控授权所有车体,所有车体的背景色变绿,授权有效。现场人员将本地控制器"车体/转向架"旋钮旋至"车体"位,授权蓝灯闪烁,按下"上升"按钮进行压力加载,压力加载后,本地控制器红灯点亮 1s 后熄灭,提示用户加载完成。所有车体重复同样动作,直到所有的车体单元加载完成。

联控转向架下降:进入触摸屏"主界面",选择"转向架联控"。主控人员联系现场人员,确认现场无异常后,所有现场人员按下本地控制器"确认"按钮,同步下降所有转向架至 400mm 高度时自动停止,此时本地控制器"120mm"红灯闪烁,现场人员确认举升柱下无异常后按下"确认"按钮，主控人员按下主控台"安全区域"按钮，同时按下主控台"转向架降"按钮，同步下降所有转向架至轨面。

单控转向架升：进入触摸屏"主界面"选择"单控模式"按钮。点击"单控选择"按钮，激活单控选择界面。按下"选择/取消转向架"按钮，单控授权所有转向架，所有转向架的背景色变绿，授权有效。现场人员将本地控制器"车体/转向架"旋钮旋至"转向架"位，授权指示灯蓝灯闪烁，现场人员单控操作转向架单元动作，逐个上升转向架，直到车体主、从侧压力开关至少有一个脱开时，转向架自动停止上升，重复上述步骤直至所有转向架上升到位。

联控车体降：进入触摸屏"主界面"选择"车体联控"按钮。主控人员联系现场人员，确认现场无异常后，所有现场人员按下本地控制器"确认"按钮，按下主控台"车体降"按钮，所有车体同步下降至250mm安全距离高度时自动停止，此时本地控制器"120mm"红灯闪烁，现场人员确认举升柱下无异常后按下"确认"按钮，主控人员按下主控台"安全区域"按钮，同时按下主控台"车体降"按钮，同步下降所有车体至轨面。

联控转向架降：同步下降所有转向架至轨面。

系统回到初始位，"车辆编组完成标志位"指示灯关闭。将主控台上的"系统运行"开关逆时针旋转到OFF状态且指示灯熄灭，人机界面上的"系统工作状态"指示灯熄灭。

将主控制台上的"控制电源"开关旋转到OFF位置，"电源指示"灯熄灭，将开关钥匙拔出。关闭主控制柜电源开关，关闭固定式架车机系统总电源开关，架车作业结束。

（4）单个检修模式

车辆编组：进入触摸屏"车辆编组"界面，根据实际的车轮到位情况，选择"屏选车辆X"，然后按下"编组确认"按钮，此时若编组正确，则"车辆编组"界面的"车辆编组完成标志位"指示灯变亮；同样"主界面"中的"车辆编组标志位"指示灯也会做出正确与否提示，如果变亮系统就可以进行车辆架车作业。

联控转向架升：同步举升到距轨面950mm高度。

联控车体升：车体同步上升至1700mm高度，确认所有的车体单元加载完成。

单控转向架降：进入触摸屏"主界面"选择"单控模式"按钮。点击"单控选择"按钮，激活单控选择界面。授权现场人员，单控相应的转向架下降至轨面。

单控转向架升：进入触摸屏"主界面"选择"单控模式"按钮。点击"单控选择"按钮，激活单控选择界面。授权现场人员，单控相应的转向架举升至相应的位置。

联控车体降：主控人员选择"选择/取消前三辆车体"和"选择/取消后三辆车体"按钮，单控授权所有车体，所有车体的背景色变绿，授权有效。系统切换为本地控制模式，现场人员利用本地控制器"下降"按钮控制车体单元点动下降，使承载托头脱开架车点到空载状态停止点动，依次使承载拖头全部为空载状态。最后，同步下降所有车体至轨面。

联控转向架降：同步下降所有转向架至轨面。

系统回到初始位，"车辆编组完成标志位"指示灯关闭。将主控台上的"系统运行"开关逆时针旋转到OFF状态且指示灯熄灭，人机界面上的"系统工作状态"指示灯熄灭。

将主控制台上的"控制电源"开关旋转到OFF位置，"电源指示"灯熄灭，将开关钥匙拔出。关闭主控制柜电源开关，关闭固定式架车机系统总电源开关，架车作业结束。

3.3 列车自动清洗机操作

3.3.1 控制/操作面板功能介绍

如图3.3-1，列车自动清洗机操作台主要由SCADA监控系统、视频监视系统、指示灯、主操作面板、手动操作面板组成。

SCADA 监控系统通过电脑与 PLC 通信，监控洗车机系统设备的运行情况；视频监视系统使用高清晰视频球形摄像头，摄像头可以 360°旋转，实时监视洗车库内的情况；指示灯指示系统的工作情况及功能状态；主操作面板及手动操作面板根据功能的不同，可以发送相应的控制命令。

图 3.3-1　列车自动清洗机操作台

1. 主操作面板见图 3.3-2、图 3.3-3、图 3.3-4。

图 3.3-2　主操作面板（一）

（1）急停按钮：在洗车系统出现紧急情况时，按下急停按钮，系统所有刷组和水泵停止运行。直到紧急情况解除。

（2）空压机在线：红色指示灯，指示空压机设备是否运行。

（3）手动：绿色指示灯，指示目前控制模式为手动操作方式。

（4）自动带端洗：绿色指示灯，指示目前控制模式为自动带端洗操作方式。

（5）自动无端洗：绿色指示灯，指示目前控制模式为自动无端洗操作方式。

图 3.3-3　主操作面板（二）

（6）AC24V：红色指示灯，指示当前 AC24V 处于有电状态。

（7）DC24V：红色指示灯，指示当前 DC24V 处于有电状态。

（8）清洗指示：绿色指示灯，指示当前洗车状态，闪亮为准备状态，长亮为正在清洗状态。

（9）暂停指示：绿色指示灯，指示当前洗车状态，长亮为清洗暂停状态。

（10）报　警：红色报警起，指示当前系统有故障，如空气压力不够等。

（11）右端刷锁住：红色指示灯，指示目前右侧横刷处于锁住状态。

(12) 左端刷锁住：红色指示灯，指示目前左侧横刷处于锁住状态。

(13) 右端刷解锁：绿色指示灯，指示目前右侧横刷处于解锁状态。

(14) 左端刷解锁：绿色指示灯，指示目前左侧横刷处于解锁状态。

(15) 控制电源：离线为系统控制电源关闭，在线为系统控制电源打开。

(16) 空压机：离线为系统空压机电源关闭，在线为系统空压机工作。

(17) 清洗方式：三位选择开关，用于洗车控制方式选择。

(18) 自动有端洗：系统洗车为自动带端洗。

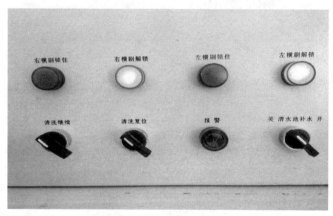

图 3.3-4　主操作面板（三）

(19) 手动：系统控制方式为手动。

(20) 自动无端洗：系统洗车为自动不带端洗。

(21) 端洗确定：二位选择开关，用于确定前端洗或后端洗。

(22) 前端：清洗地铁列车前端。

(23) 后端：清洗地铁列车后端。

(24) 药液：二位选择开关，用于确定是否加洗涤剂。

（25）清洗准备：二位自复位选择开关，用于清洗前的准备，清洗指示灯闪亮，刷组处于摆出状态。

（26）清洗开始：二位自复位选择开关，用于清洗开始，清洗指示灯长亮，刷组根据车的位置自动洗车。

（27）清洗暂停：二位自复位选择开关，用于清洗暂停控制，清洗暂停指示灯长亮，各刷组和水泵电动机停止运行。

（28）清洗继续：二位自复位选择开关，用于清洗暂停后继续洗车控制，清洗暂停指示灯长灭，各刷组和水泵电动机继续运行。

（29）清洗复位：二位自复位选择开关，用于清洗后自动复位控制。

（30）端洗开始：二位自复位选择开关，用于端洗的开始控制。

2. 手动操作面板

如图3.5-5、图3.3-6所示，手动操作面板有1号抽屉操作面板及2号抽屉操作面板，用于单个设备的手动控制。

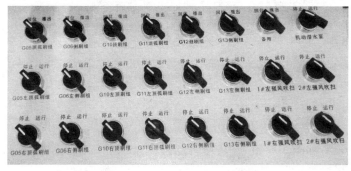

图3.3-5　1号抽屉操作面板

3.3.2　列车自动清洗机的基本操作方法

1. 安全注意事项

操作列车自动清洗机必须正确穿戴好劳保用品，必须经过设备生产厂家对清洗机设备专门培训，并获得设备操作证方能上

3　岗位操作技能 ｜ 175

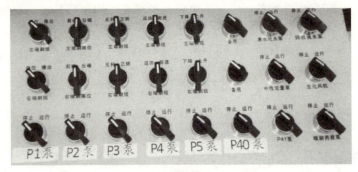

图 3.3-6　2号抽屉操作面板

岗。在使用设备之前,操作人员应明确洗车机作业模式、要求和步骤。操作人员上、下班或交接班时,必须对所有设备操作系统和控制系统进行检查,保证设备处于正常状态。

操作人员进行洗车操作时,必须严格认真按操作规程进行操作,未经许可不得随意更改,严格遵守相关操作规范,保证人员、车辆、设备的绝对安全,如遇意外事故必须及时按下急停开关。洗车作业时,无关人员严禁进入洗车区域。

操作人员必须做好每次洗车情况和设备检查情况记录,并存档备查。操作人员必须按规定作好对设备的维护,保持设备完好、正常。如发现异常立即通知维修人员进行维修,并做好每次维修保养的档案、记录。

2. 基本操作

(1) 带端洗自动洗车模式

1) 如图 3.3-7,确认左右端刷安全锁已解锁,主控台上的"左横刷解锁""右横刷解锁"指示绿灯亮,同时确保空压机压力大于 0.4MPa,洗车库温度大于 0℃。

2) 电客车在库前一度停车指示牌前停车,司机用手持台通知洗车机操作人员后,操作人员通过监视器确认电客车已停在库前相应指示位,操作人员核对电客车编号并输入洗车机人机界面内。

图 3.3-7　端刷锁

3)"清洗方式"选择为"自动有端洗",将药液旋钮旋转到"药液"或"清水"洗涤方式(视作业单而定)。操作人员旋转"清洗准备"旋钮(清洗指示绿灯持续闪烁),待所有刷组摆到位后,旋转"清洗开始"旋钮(清洗指示绿灯停止闪烁变为常亮),此时库前信号灯开放,转为绿灯,操作人员通过手持台通知司机:洗车机已做好清洗准备。(注意:"清洗准备"、"清洗开始"两个旋钮的旋转前后顺序不得有误,且应待刷组完全推出后方能旋转"清洗开始"按钮,否则不能洗车),洗车模式见图 3.3-8。

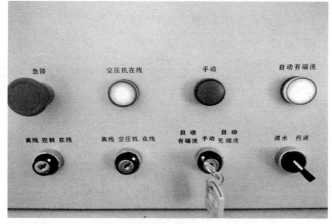

图 3.3-8　洗车模式

4) 司机接到洗车机操作人员通知后,凭库前信号绿灯动车入库,驾驶电客车以 3km/h 速度进库洗车。

5) 电客车行驶到前端洗区域时,司机凭前端洗停车指示牌对位停车。如果电客车正确停放在指定区域,端洗警报响起,司机通过手持台通知洗车机操作人员电客车已正确对位停车,操作人员通过监视器观察,无异常后用手持台通知司机进行前端洗作业。操作人员将"端洗"旋钮旋转到"前端"位置,旋转"端洗开始"旋钮,开始前端清洗。如果电客车超出停车范围,则用手持台通知司机"已超出停车范围,司机按信号绿灯进行动车"。操作人员旋转"清洗继续"旋钮,前端洗信号指示灯绿灯亮,司机继续行驶。

6) 前端清洗完毕,操作人员通过监视器观察,无异常后用手持台通知司机"前端洗完毕,司机按信号绿灯继续洗车"。操作人员旋转"清洗继续"旋钮,前端洗信号指示灯绿灯亮,司机继续前进。

后端清洗完毕,操作人员通过监视器观察,无异常后用手持台通知司机"后端洗完毕,司机按信号绿灯继续洗车"。操作人员旋转"清洗继续"旋钮,后端洗信号指示灯绿灯亮,司机继续前进。

电客车出库,司机经过"清洗结束"指示牌时,表明清洗已结束,司机可以提速前进。

洗车完毕后操作人员检查所有刷组是否归位,将端刷安全锁锁闭。检查各水池水位情况及洗涤液情况,如若不足及时补充洗车用水及洗涤液。

(2) 不带端洗自动洗车模式

1) 操作人员将控制钥匙插入主控台上"控制电源"开关内,旋转到"在线"位置。确保左右端刷必须处于锁住状态(主控台上的"左横刷锁住"、"右横刷锁住"指示红灯亮)。空压机压力必须大于 0.4MPa,洗车库温度大于 0℃。

2) 洗车完毕后操作人员检查所有刷组是否归位。检查各水池水位情况及洗涤液情况，若不足及时补充洗车用水及洗涤液。

3）其余内容同本小节 2.2 中 2）～4）。

3.4 通用设备的功能和各组成部分名称及操作规程

3.4.1 除尘式砂轮机

1. 除尘式砂轮机的概述

除尘式砂轮机又称吸尘式砂轮机，安全环保型砂轮机，是一种砂轮机，可分为布袋型和滤板型两种。

除尘式砂轮机主要供一般工矿企业作为修磨刀刃具之用，也可对普通小零件进行磨削，去毛刺及清理等工作。可使用在海拔不超过 1000m、周围空气相对湿度不大于 90％、周围最高环境温度不超过＋40℃的湿热带区域。除尘式砂轮机不耐化学腐蚀，且不得暴露在户外使用。

2. 除尘式砂轮机各部分的名称及功能

如图 3.4-1。

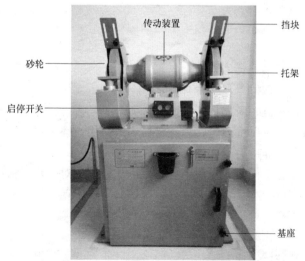

图 3.4-1　除尘式砂轮机

防护罩：是一种防护装置，防止打磨产生的火花伤及工作人员。并能自动收集磨尘。

传动装置：由电动机、传动轴、轴承组成，带动砂轮旋转。

砂轮：由结合剂和磨料固结成一定的形状，具有一定硬度的磨具可对金属或非金属工件的外圆、内圆、平面和各种型面等进行粗磨、半精磨和精磨。

托架：磨削时承载各种小型的工件或工具。

基座：用以承载整个砂轮机。

3．工作原理

当设备启动时，砂轮机和除尘器同时启动，工件磨削产生的粉尘颗粒在风机的负压吸风作用下进入沉降室，大颗粒、重颗粒的粉尘直接掉落在积灰抽屉里面，微细粉尘随气流进入过滤室，当经过滤袋时粉尘附着于滤袋表面，净化后的气体经过风机流入清洁室，经消声后排入大气。为了维护机器原有的吸尘效果，请及时清理灰尘，在工作结束后，摇动右边红色振灰球，及时处理布袋中的灰尘，经常维护有助于长久耐用。

4．操作要点

（1）操作者必须熟悉本机的结构和性能，严格遵守有关安全注意事项。

（2）工作前要认真检查砂轮安装是否正确牢固，有无裂纹或缺损，安全防护罩是否符合规定。

（3）开机时应先打开控制柜电源开关，再打开砂轮机开关。

（4）开机后待砂轮转速正常后才能使用，磨工件时应缓慢接近砂轮，不准用力过猛或撞击砂轮。

（5）磨工件时，身体不应正对砂轮，应侧对砂轮，密切注意砂轮机的声响、运转、振动等情况，如有异常现象，应立即停车处理。

（6）工作时必须戴防护眼镜，防止伤害眼睛。

（7）砂轮机使用完毕后，应关闭砂轮机开关，再关闭控制柜电源开关。

(8) 遇到突然停电情况,应注意关闭砂轮机开关和控制柜电源开关后才能离开。

(9) 砂轮不圆、过薄或因磨损过多时,应更换新砂轮。

(10) 要换砂轮时,应注意轮孔与轴径必须相符,避免强行安装,换装好的砂轮必须空试后,再试磨,才能正式使用。

(11) 砂轮机要保持清洁,不得沾有油污,不准磨软金属或非金属。

(12) 砂轮机应定期检查清扫,做好保养工作,达到整齐、清洁、安全。

3.4.2 台式钻床

1. 台式钻床的概述

台式钻床简称台钻,是一种体积小巧,操作简便,通常安装在专用工作台上使用的小型孔加工机床。台式钻床钻孔直径一般在13mm以下,一般不超过25mm。其主轴变速一般通过改变三角带在塔型带轮上的位置来实现,主轴进给靠手动操作。

台式钻床主要作中小型零件钻孔、扩孔、绞孔、攻螺纹、刮平面等技工车间和机床修配车间使用,与国内外同类型机床比较,具有马力小、刚度高、精度高,刚性好,操作方便,易于维护的特点。把精密弹性夹头的振动精度调节到0.01mm以下,就可以对玻璃等材料1mm以下的精密钻孔加工。

2. 台式钻床各部分的名称及功能

如图 3.4-2。

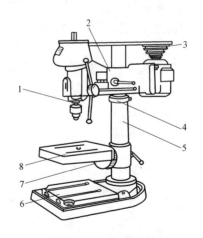

图 3.4-2 台式钻床
1—主轴;2—头架;3—塔形带轮;4—保险环;
5—立柱;6—底座;7—转盘;8—工作台

电动机：经皮带通过宝塔轮传动，可使主轴获得相应的多种转速，为主轴提供动力源。

立柱：是台钻的支撑部位，是稳定机床加工的时候各个部件关系。

锁紧手柄：可使工作台沿立柱调整，并紧固。

底座：支撑整个钻床，保证加工工作平稳可靠。

工作台：用于工件的夹紧，并可环立柱上下/左右调整。

主轴：由电动机提供动力源，带动钻头作主运动。

钻头进给手柄：使旋转的钻头作进给运动，可控制加工孔的深度。

带罩：保护宝塔轮和皮带，防止加工时伤及人员。

3. 结构特点

台式钻床是一种小型钻床。是一台应用广泛的台钻。电动机通过 5 级变速带轮，使主轴可变 5 种转速，头架可沿圆立柱上下移动，并可绕圆立柱中心转到任意位置进行加工，调整到适当位置后用手柄锁紧。如头架要放低进，先把保险环调节到适当位置。用紧定镙钉把它锁紧，然后放松手柄，靠头架自重落到保险环境，再把手柄扳紧。工作台可沿圆立柱上下上下移动。并可绕立柱转动到任意位置。工作台座的锁紧手柄。当松开锁紧螺钉时，工作台在垂直平面还可左右倾斜 45°，工件较小时，可放在工作台上钻孔，当工件较大时，可把工作台转开，直接放在钻床底面上钻孔。

这种台钻灵活性较大，转速高，生产效率高，使用方便，因而是零件加工，装配和修理工作中常用的设备之一。但是由于构造简单，变速部分直接用带轮变速，最转速较高，一般在 400r/min 以上，所以有些特殊材料或工艺需用低速加工的不适用。

4. 操作规程

(1) 使用台钻前，必须详细参阅使用说明书，熟悉台钻的结构，各手柄功能，传动和润滑系统。

(2) 操机人员操机时不准穿背心、穿拖鞋、穿西装短裤，留长发者须带工作帽,不准穿裙子、高跟鞋,应戴好防目镜。

(3) 严禁戴手套、首饰及服用含有酒精类饮料、麻醉剂后操作。

(4) 为避免机床损坏,最好使用符合该机床安装尺寸要求内的刀具、钻头。

(5) 操作前检查工作台上有无杂物,以防止损伤钻台或造成损害事故。

(6) 开机前检查主轴箱是否夹紧在立柱上,以及主轴套筒的升降和电气设备情况是否正常。

(7) 开机前应检查安全防护装置是否齐全牢固,低速运行3～5min,确认系统正常后方可工作。

(8) 钻床的平台要紧住,工件要夹紧。钻小件时,应用专用工具夹持,防止被加工件带起旋转,严禁用手拿着或按着钻孔。

(9) 清除铁屑严禁用嘴吹,要用刷子及其他专用工具。

(10) 钻头上严禁缠绕有长铁屑,应经常停车清除,以免伤人。

(11) 不准在旋转道具的情况下翻转、卡压或测量工件,手不准触摸旋转刀具。

(12) 应注意钻削时不要切入工作台面,钻头应对准工作台的空槽或架高以避开工作台面。

(13) 机床在加工过程中如有不正常声响时,应立即停机,并检查原因,严禁猛拉电源插头。

(14) 如遇故障需做检查,检查前应关机,并切断电源,不能解决时即报分中心,工作完毕后及时切断电源,清理现场。

(15) 不要让机床在无人情况下运转,一定要在关机、停止运转后才能离开。

5. 钻头更换及工作台调整

(1) 更换刀具及调整皮带一定要切断电源。

(2) 夹紧钻头应用夹紧匙,不得用锤敲打。

(3) 更换钻头时,旋转钻夹头外壳有足够的张开度,把钻头塞入钻夹头,并使钻头处于中心位置。然后用钻夹头钥匙顺时针方向旋紧,使钻头被夹紧在钻夹头内。同理,用钻夹头钥匙逆时针方向旋松钻夹头,可以卸下钻头。

(4) 松开支架夹紧手柄,用升降手柄摇动使工作台移至所需的位置,即可实现工作台的升降。升降完成后必须夹紧支架夹紧手柄。

(5) 松开工作台方头螺钉和螺母,即可旋转工作台至所需位置。旋转完成后,必须扭紧方头螺钉和螺母。

3.4.3 电焊机

1. 交流电焊机的概述

交流电焊机实质上是一种特殊的降压变压器。将 220V 和 380V 交流电变为低压的交流电,交流电焊机既是输出电源种类为交流电源的电焊机。焊接变压器有自身的特点,外特性就是在焊条引燃后电压急剧下降的特性。

2. 交流电焊机各部分的名称及工作原理

见图 3.4-3、图 3.4-4。

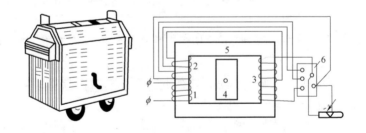

图 3.4-3 交流电焊机

1—初级绕组;2、3—次级绕组;4—动铁芯;5—静铁芯;6—接线板

电流、电压经三相主变压器降压,由可控硅元件进行整流,并利用改变可控硅触发角相位来控制输出电流的大小。从整流器直流输出端的分流器上取出电流信号,作为电流负反馈信号,随着直流输出电流增加,负反馈也增加,可控硅导通角减小,输出

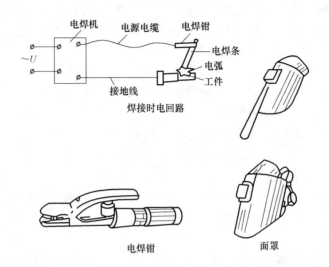

图 3.4-4 焊把

电流电压降低,从而获得下降的外特性。推力电路是当输出端电压低于 15V 时,使输出电流增加,特别是短路时,形成外拖的外特性,使焊条不易粘住。引弧电路是每次起弧时,短时间增加给定电压,使引弧电流较大,易于起弧。

从以上叙述可以知道,电焊起弧的时候电路处于短路状态,电压急剧下降,电流需要很大;起弧后要稳弧,这时候焊条和容池的溶液还是短路过渡状态,电压还是下降,电流还是大;过渡完毕后处于正常焊接状态,电压回升,电流下降。

3. 交流电焊机的特性

为了使焊接顺利进行,这种变压器电源按焊接过程的需要而具有如下特点:

交流电焊机具有电压陡降的特性。

一般的用电设备都要求电源的电压不随负载的变化而变化,其电压是恒定的,如为 380V(单相)或 220V。虽然接入焊接变压器的电压是一定的,如为 380V 或 220V,但通过这种变压器后所输出的电压可随输出电流（负载）的变化而变化，且电压随负载增大而迅速降低，此称为陡降特性或称下降特性。这就适应了焊接所需的各种电压要求：

（1）初级电压：即接入电焊机的外电压。由于弧焊变压器初级线圈两端要求的电压为单项380V，因此一般交流电焊机接入电网的电压为单项380V。

（2）零电压：为了保证焊接过程频繁短路（焊条与焊件接触）时，要求电压能自动降至趋近于零，以限制短路电流不致无限增大而烧毁电源。

（3）空载电压：为了满足引弧与安全的需要，空载（焊接）时，要求空载电压约为60~80V，这既能顺利起弧，又对人身比较安全。

（4）工作电压：焊接起弧以后，要求电压能自动下降到电弧正常工作所需的电压，即为工作电压，约为20~40V，此电压也为安全电压。

（5）电弧电压：即电弧两端的电压，此电压是在工作电压的范围内。焊接时，电弧的长短会发生变化：电弧长度长，电弧电压应高些；电弧长度短，则电弧电压应低些。因此，弧焊变压器应适应电弧长度的变化而保证电弧的稳定。

4. 交流弧焊机安全操作规程

（1）焊机在室内使用时，其使用场合应无严重影响焊机使用的气体、蒸气、化学沉积、尘埃、霉菌、核辐射、雨水、油气及其他爆炸性腐蚀性介质，并应无剧烈振动和颠簸。

（2）焊机外壳必须接地，而且应用单独的导线与接地干线连接起来。

（3）焊机的四周至少保持0.5m的无障碍空间，并且焊机底部无障碍物。

（4）焊机的进风通道处不能有障碍物。

（5）焊机的安置场所应有一定空间以便移去顶盖、拆除侧板，进行焊机的维修工作。

(6) 焊接电缆应尽可能短,并且电缆拉直紧密放在一起,连接电缆时,应先关焊机,并切断焊机输入电源。

(7) 任何情况下,严禁用湿手接触焊机。

(8) 操作员工必须持证上岗。

(9) 焊机工作时,必须装上所有的外壳挡板。

(10) 作业前检查好电极正负极是否正确。

(11) 确认接地线是否接好。

(12) 确认作业场所附近无易燃易爆物品。

(13) 确认焊机接地及各接线点要接触良好,电绝缘外套无破损。

(14) 焊接时必须戴上合适的眼、耳及皮肤的劳保用品。

(15) 焊接时,应保证足够的通风设施防止吸入烟、气等有害物质。

(16) 移动电焊机时,应切断电源,不得用拖拉电缆的方法移动电焊机。当焊接中突然停电时,应立即切断电源。

(17) 在金属容器或金属结构上以及狭小的工作场所焊接时,应采用橡胶垫、戴绝缘手套、穿绝缘鞋。

(18) 焊接结束时,让焊接电源空载情况下,运转3min。

(19) 将电源关断,如使用保护气,必须关闭气源。

5. 氩弧焊机安全操作规程

(1) 进行氩弧焊机操作的人员必须持有经劳动部门考核并核发的"特种作业操作证",才能独立操作。

(2) 在作业场地10m内禁止放置易燃、易爆物品,焊接设备不能放在潮湿的地上和金属板上。

(3) 作业前必须穿戴好氩弧焊接专用的防护用品,如专用眼罩、口罩、手套。

(4) 氩弧焊机接地线及焊机电流线不能搭在易燃、易爆的物品上,不能接在管道和机床设备上。

(5) 作业前应检查氩弧焊机电源线、引出线及各接线点是否连接紧固良好,焊机外壳必须有良好的接地措施。

(6）氩弧焊机电源线、引出线不能跨越铁路股道、铁路，如要跨越铁路和公路时，则应将电源线、引出线架空跨越，或另加以保护措施。

(7）下雨天不能露天焊接作业，在潮湿地方作业时，应在铺有绝缘物品的地方作业并穿好绝缘鞋。

(8）氩弧焊机从电网上接线或检线，以及接地等工作必须由电工进行。

(9）拉、合闸刀开关时，身体应偏斜，应一次拉合到位，然后再开启氩弧焊机上的开关；停机时，先要关氩弧焊机，再拉断电源闸刀开关。

(10）在氩弧焊机工作状态下不能用手扶在焊机机体上，以调节电流或做其他功能转换。移动焊机位置前，必须先停机和断电；在焊接过程中如突然停电应立即关断焊机电源，再把闸刀开关拉断。

(11）在人多的场所进行焊接作业时应设置防护遮栏，以挡住弧光，避免伤伤眼睛。

在密闭场所或采用大电流情况下工作时，应加强通风。磨钍钨板端头时，应有良好的通风并戴口罩。

(12）作业前要检查供气系统中的气瓶、减压器、电磁气阀、气体流量计等装置的安全状态。

(13）操作前要检查和试验焊枪中的枪体、喷嘴、电板夹持装置、电缆、氩气输入管、冷却水管、按钮开关等装置，其状态应可靠，能保证正常夹持钨板，传导电流和输送氩气。

(14）当焊接电流超过200A时，钨板和焊枪必须用水冷却，工作前检查水路系统的冷却水流控制情况。

(15）正式焊接前须对控制系统进行试焊接工作。检查控制线路对供气、供电、引弧与稳弧等部分的控制情况应良好。

(16）工作前须确认被焊金属材料，正确选择手工钨板氩弧焊电流。

(17）工作完毕应关闭氩弧焊机，再断开电源，检查场地，消灭火种，才能离开现场。

3.4.4 移动式空压机

1. 空压机的概述

空压机的运用很广泛，几乎每行每业都能用到空压机，而螺杆式空压机是空压机中比较常见的一种。

皮带传动式空压机兼有传递动力和改变转速的作用，皮带传动依靠摩擦力传递动力，本身需要消耗一定的能量，约占传递功率的2‰～3‰。皮带必须有一定的张力才能获得足够的摩擦力，皮带张力使电动机和机头的轴承承受额外的径向符合，皮带传动压缩机对电动机和机头的轴承要求更高。皮带传动压缩机生产成本较低，一般仅用于小型压缩机和经济型压缩机。

皮带张紧力不足时会造成皮带打滑，传递动力不足，不仅会造成皮带高温磨损，还会造成压缩机转速降低减少排气量。需要经常检查皮带张紧情况，及时拉近皮带或更换皮带，皮带必须成组更换。

2. 移动式空压机各部分的名称及特点

如图 3.4-5 所示。

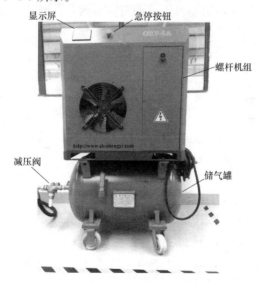

图 3.4-5　移动式空压机

皮带式螺杆压缩机具有以下特点：

(1) 弹性皮带在使用时会自动张紧，通过调节张力使压力和功率的损失降到最低提高了压缩的效率。

(2) 采用精密旋转式油气分离器，有特别的两极缓冲分离，能使含油量降到最低，确保输出气体纯净，延长滤芯寿命。

(3) 选用齿形三角皮带，散热性好，寿命长，齿轮转动，传动效率更高，达98%以上。

3. 移动式空压机安全注意事项

(1) 电动机的启动次数限制在每小时不超过15次；

(2) 定期检查油位、工作压力和仪表指示；

(3) 维修时，应更换所有拆下来的密封件，如：垫片、O形圈和垫圈；

(4) 非紧急状态下停机时，不可使用紧急停机开关停机；

(5) 遇到紧急情况应立即停机并切断电源，通知专业人员处理；

(6) 空压机压力不可随意调整，需调整时请专业人员调节。

4. 移动式空压机操作要点

(1) 熟悉本机性能和结构，认真阅读使用保养说明书。

(2) 开机前

1) 打开油气桶及水分离器之手动泄水阀，将停机时产生的冷凝水排除，若有油泄出时应立即关闭泄油阀；

2) 检查油位在最高与最低位之间；

3) 接通空压机电源，空气干燥机电源（SCR系列）。

(3) 开机

1) 按下启动按钮，空压机开始运转，在延时5~10s后，空压机自身加载，显示器显示压力、温度数值等；

2) 观察显示器显示是否正常，空压机若有异常声音、振动、漏油，立即按"紧急停止"停机检查；

3) 按下空气干燥机启动按钮（SCR系列）。

(4) 运转中

1)运转中若有异常声音、不正常振动或漏油,应立即停机检查;

2)运转中管路及容器内均有压力,不能够松开管路或栓塞,以及打开不必要的阀门;

3)检查油位在最低位指示灯亮时,应立即停机,应停机10min后再检查油位;

4)当排气温度超过105℃或电动机因超载导致过电流保护装置动作时,空压机停止运行。

(5)停机

1)按下停机按钮后,延时10～15s后空压机停止运行;

2)紧急情况下停机时,按紧急停机按钮。故障排除后,需手动把紧急停机复位以解除锁定;

3)关闭供气阀并切断电源。

(6)停机后

打开油气桶及水分离器之手动泄水阀,将产生的冷凝水排除,在有油泄出时立即关闭。

3.4.5 焊接烟尘净化器

1. 焊接烟尘净化器的概述

焊接烟尘净化器是针对机械加工厂、汽车总装厂、维修厂及其相关行业焊接作业时产生烟尘、粉尘、油雾需处理而设计的轻便高效的除尘器,广泛用于焊接、抛光、切割、打磨等工序中产生烟尘和粉尘的净化以及对稀有金属、贵重物料的回收等,可净化大量悬浮在空气中对人体有害的细小金属颗粒。具有净化效率高、噪声低、使用灵活、占地面积小等特点,移动式焊接烟尘净化器尤其适用于电弧焊、二氧化碳保护焊、MAG焊接、碳弧气刨焊、气熔割、特殊焊接等产生烟气的作业场所。在焊接操作中经常会产生一些有毒的物质。

2. 焊接式烟尘净化器各部分的名称及工作原理

烟气净化器见图3.4-6。

通过风机引力作用,焊接式烟气净化器废气经万向吸尘罩吸

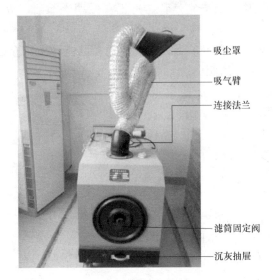

图 3.4-6　烟尘净化器

入设备进风口,设备进风口处设有阻火器,火花经阻火器被阻留,烟尘气体进入沉降室,利用重力与上行气流,首先将粗粒尘直接降至灰斗,微粒烟尘被滤芯捕集在外表面,洁净气体经滤芯过滤净化后,进入洁净室,洁净空气又经活性炭过滤器吸附,进一步净化后经出风口达标排出。

3. 安全操作要点

(1) 不得用于易燃、易爆气体的净化。

(2) 设备的开关、指示灯必须保持齐全完好,不得缺损,必须设有良好的接地(接零)线。

(3) 吸气罩与软管之间、软管与底座之间、上盖口、两个过滤单元之间、过滤单元与设备之间等必须封闭严密,不得有漏风现象,以免影响吸气和净化效果。

(4) 保护好设备的电源电缆,注意防热、防油、防利器、防轧压等。

(5) 使用时,设备必须放置平稳,刹牢轮子。

（6）设备使用时，禁止打开上盖。

（7）当压力警示灯显示时（或发现吸气风量变小），必须对设备的两级过滤单元进行清吹，步骤如下：

1）断开电源。

2）松开设备上盖的螺钉，缓慢打开上盖。

3）将两级过滤单元分别取出，用压缩空气轻轻反向吹扫过滤单元。禁止采用抖动或大风量突然喷吹的方法，防止损坏过滤单元。

4）以相反的顺序安装好过滤单元、上盖，上紧螺钉。

（8）当发现净化器无净化作用时（设备下部出现有颜色的焊烟），应停止使用，查并更换损坏的过滤单元，步骤同上。

（9）使用时，拉推、旋转吸气臂应缓慢操作，不得用力过猛，禁止强行拉推、旋转吸气臂，防止损坏。

（10）使用时，应将设备放置在距作业点 3m 之内的地方，吸气罩放置在工作人员的正面或侧面，吸气罩距作业点 300mm 左右或认为是最佳吸气效果的位置。

（11）使用时，高热的焊接（切割）工件及焊条头不得触碰到吸气罩或吸气软管上，防止损坏。

（12）设备应注意防潮，以免损坏过滤单元。

（13）设备停止净化作业时，应断开电源，并放置到指定地点。

3.4.6　SJY液压升降平台

1. 液压升降平台的主要组成部分

SJY液压升降机一般由底座、臂架、工作台、液压升降装置、四轮驱动、操控部分组成。底座采用相应强度钢板焊接而成；臂架为剪撑铰链式垂直升降，采用高强度无缝矩形管制作，强度高外形美观；工作台能容纳两人同时操作，并设有安全护栏，操作安全可靠；操作器分为固定式和移动式，便于在地面和高空两路操作，液压升降平台见图 3.4-7，移动升降平台遥控见图 3.4-8。

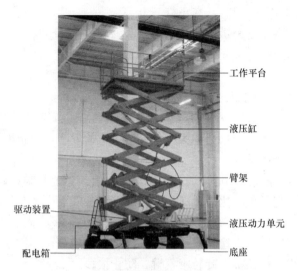

图 3.4-7 液压升降平台

图 3.4-8 移动升降平台遥控

2. 液压系统说明

如图 3.4-9，从油泵吸油，推动油缸中的活塞，顶升交叉臂架垂直上升，下降时，压力油在限速阀和流量调节阀的监控下，通过电磁阀流回油箱。油缸过载时，油泵输出的压力油通过溢流阀（安全阀）直接流回油箱。

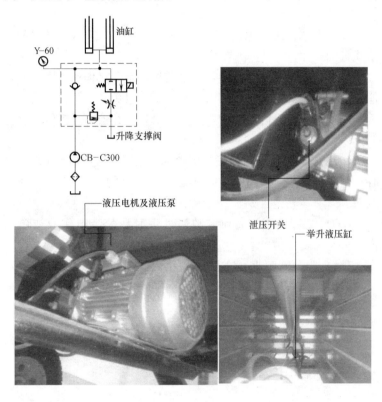

图 3.4-9　液压系统

3. 安全操作注意事项

（1）使用时须至少两人操作本设备，专人监护。

（2）按规定载荷工作，严禁超载使用。

（3）升降台工作时必须放置于坚固的地面上，撑开支腿，并校正水平。进入平台后，一定要扣紧护栏锁紧销。

（4）在动作过程和处于上升位置时，不得移动升降台。平台站立人员要注意上升时周围物体与头部的安全距离。

（5）在平台升降过程中平台上工作人员务必蹲下使身体保持低于安全护栏，待升降完毕并示意安全监护人停止后，方可开始工作。

（6）严禁在工作平台上作激烈的人为摇晃，多人工作时严禁嬉戏打闹。

（7）在平台升降过程中，安全监护人须确保作业范围内无其他人员经过，并做好平台周围隔离措施，以免高空坠物受伤害。

（8）在平台升降过程中，严禁用身体及其他物品接触折叠臂架，以免夹伤。

（9）安全监护人如若发现升降台工作压力过高或声音异常时，应立即停止升降作业并确保工作台上的人员安全下降到地面。

（10）设备检查应仔细，故障处理时严禁带电作业或单人作业。

（11）非电气专业人员不得随意拆装电器，以防触电或误接。

（12）需要进入升降台工作平台下面检修时，必须吊住升降台工作平台，以防升降台突然下降，造成人员伤亡。

（13）非专业人员不得任意调整溢流阀。

（14）拆卸液压系统任何部位之前，必须首先卸压，以免压力油喷出，工作台突然下滑。

4. 安全操作要点

（1）开机前应注意和检查的内容

1）操作人员劳保用品穿戴整齐。

2）操作者应熟记移动式液压升降平台使用说明，熟悉其性能、结构和操作方法。

3）检查电源线及电气控制箱进出线是否完好。

4）检查各按钮是否有效。

5）检查折叠臂架上各交叉点螺母及工作平台安全护栏各连接点螺母是否紧固。

6）检查液压系统有无漏油现象。

（2）具体操作步骤

1）在外观性能各项检查合格后放置好升降平台，务必确保升降平台上空无遮挡异物。

2）撑开支腿，调整支腿螺栓，使升降台保持水平，然后锁定支腿定位栓。

3）接通 380V 电源，在保证电源线放置安全的情况下打开电源，待指示灯亮后试车 3 次正常，即可进行工作。

4）按下"上升"或"下降"按钮，使工作平台升降至所需工作高度。

5）移动式升降机工作时，防止手、足和衣服受到挤压。

（3）操作中应观察和注意的事项及指示信号

1）按规定载荷工作，严禁超载使用。

2）在没有安全护栏的固定式升降台上严禁载人工作。

3）在动作过程和处于上升位置时，不得移动升降台。

4）升降台工作时，必须撑开支腿，严禁在工作平台上作激烈的人为摇晃。

5）严禁在工作台上进行任何带电作业。

6）发现升降台工作压力过高或声音异常时，应立即停机检查，以免升降台受严重破坏。

（4）设备运行中异常情况的处理

1）在紧急情况下，先停电，再进行处理。

2）监护人员不准随便离开工作岗位，发生异常情况必须停止作业。

3）当升降作业平台升起无法正常下降时，可手动将液压泵下方蓝色旋钮按下，并向左边旋转，进行手动泄压，作业平台下降后，再次按下蓝色旋钮并向右旋转停止泄压，可使作业平台停止。

（5）停机后

1）工作完毕后，先将平台降至低位，后切断电源。

2）打扫周围卫生，保持设备和周围环境干净整洁。

3.5 厂内机动车辆、起重机的功能和各组成部分名称及操作规程

3.5.1 蓄电池搬运车

1. 蓄电池搬运车的概述

蓄电池搬运车是由蓄电池（电瓶）提供电能，由电动机（直流、交流，串励、他励）驱动的纯电动机动车辆。蓄电池搬运车主要用于工厂、港口码头、物流库房等搬运货物之用。电瓶车使用寿命一般为8～12年，其蓄电池使用寿命一般为1～4年（视使用维护情况）。

2. 蓄电池搬运车各部分的组成及功能

如图3.5-1、图3.5-2所示。

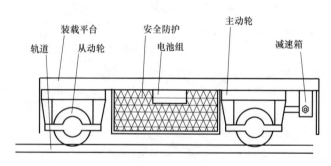

图 3.5-1　蓄电池搬运车

（1）驾驶室：敞篷式。

（2）车架：由4根纵梁和若干横梁组成。

（3）动力蓄电池：均由若干一定容量的单体铅酸蓄电池组成。所有的单体蓄电池均放在电池箱内，电池箱拆装方便，且安装位置不影响整车的通过性。

（4）驱动装置：主要由直流电动机、减速箱、传动轴、驱动桥及车轮组成。由于BD系列蓄电池固定平台搬运车，均采用电

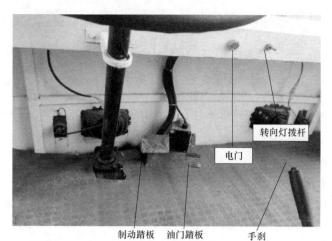

图 3.5-2 踏板及按钮

动机作动力,蓄电池作能源,故其结构与内燃机汽车有所不同,驱动装置传动流程图如图 3.5-3。

图 3.5-3 驱动装置传动流程图

(5) 转向机构:司机转动方向盘,方向机的扇形块在垂直面内摆动,同时带动直拉杆前后移动,直拉杆的另一头,连接在转向节的一个臂上,因而使转向节左右移动。转向节和轮壳连接在一起,所以车轮就跟着绕垂直轴左右摆动,使运行中的电瓶车左右转弯。

(6) 制动系统:司机操作制动踏板,总泵将液压油压入后桥上左右两个制动器的分泵,使制动蹄挤压制动鼓,产生制动力矩,同时接通开关使刹车尾灯启亮。

(7) 总电源开关:启动蓄电池搬运车前,应先确认总电源开关是否接通电路,往上拨按钮为接通电路,往下拨按钮为切断电路。

（8）转向灯：左转时开启左转指示灯闪亮，右转时右转指示灯亮。

（9）驻车制动手柄：蓄电池搬运车停稳后，必须拉起驻车制动手柄。松开制动手柄时，应先稍微拉起一些。

（10）踏板：踩下制动踏板，后桥两个驱动轮的制动器抱死车轮，松开制动踏板，后制动效果解除。加速踏板通过控制电动机电压来改变转速。踩下踏板，电压增大，电动机转速升高，电动机输出功率和车速随之升高。

3. 驾驶蓄电池搬运车的基本要求

（1）蓄电池搬运车驾驶者必须经过培训考试合格，由取得厂内机动车辆驾驶证的人员操作。

（2）驾驶者所持厂内机动车辆驾驶证必须在有效期内，驾驶证过期未年审者，不得驾驶蓄电池搬运车。

（3）驾驶者必须阅读蓄电池搬运车使用说明书，并熟练掌握操作要领。

（4）驾驶者要按要求穿戴好劳保用品（穿工作服和护趾工作鞋、戴安全帽等）必须遵守《工业企业厂内运输安全规程》和公司的规章制度。

（5）驾驶者应向钥匙保管人（设备检修调度或使用部门主管）借钥匙并填写《厂内机动车使用申请登记表》，同时出示厂内机动车辆驾驶证。不得未经许可私自操作，严禁无证驾驶。作业完成后将钥匙归还给钥匙保管人（设备检修调度或使用部门主管）并在《厂内机动车使用申请登记表》填写车辆状态。严禁把蓄电池搬运车交给无证人员驾驶。

（6）驾驶者必须检查确认所借用的蓄电池搬运车的状态良好，如该车存在故障，不得使用。

（7）在风沙、下雨、雷电、台风等恶劣气候条件下，严禁使用蓄电池搬运车。

（8）驾驶前，驾驶者必须检查蓄电池搬运车处于良好的运行状态，如发现该车有故障，必须停止作业，并报设备检修调度，在修复完成并确认后，方可操作。

（9）蓄电池搬运车载人一定要在司机室前排，额定载人 2 人（含司机）。后排载货，严禁载人。

（10）驾驶者应爱护蓄电池搬运车，每天操作前对其进行日常的保养与清洁。

4. 蓄电池搬运车操作要点

（1）操作前车辆检查

1）检查轮胎气压及轮毂螺母。确认轮胎气压足够，检查轮胎有无破损、轮辋是否变形，检查轮毂螺母有无松动。检查车厢挡板有无松动。

2）开启总电源，检查紧急断路按钮是否可靠，并检查喇叭、照明灯、转向灯、刹车灯和倒车灯是否正常。

3）检查电量是否充足。蓄电池电量不足时应及时充电，严禁馈电操作蓄电池搬运车。

4）检查驱动机构，各连接件是否完好，连接是否可靠。

5）检查转向是否灵活正常。

6）检查后桥是否有润滑油渗漏现象。

7）将进退操纵按钮打至"前进"或"后退"位置，检查接触器工作是否正常。

8）左、右转动方向盘，检查是否有迟钝或卡滞。

9）在接触器动作后，轻轻踩下加速踏板，检查行走机构工作是否正常。

10）检查制动器功能是否正常。

（2）起步

起步前，观察四周，确认无妨碍行车安全的障碍后，向右旋转钥匙开关，松开手刹车操纵杆，先鸣笛，后起步。将进退操纵按钮打至"前进"或"后退"位置，轻轻踩下加速踏板便可投入正常工作。在踩加速踏板前应环视前后左右，确认无人无障碍时，轻轻踩下加速踏板（这时能明显听到主接触器吸合声，表明无级加速器电路接通）使车平稳启动，逐渐加速。绝不允许快速踩下加速踏板。

(3) 行驶

1) 前进。将进退操纵按钮打至"前进"位置，踩下加速踏板，蓄电池搬运车即向前。

2) 后退。将进退操纵按钮打至"后退"位置，踩下加速踏板，蓄电池搬运车即后退。

3) 加速。行驶中，以踩下加速踏板的程度来控制车速。

4) 转弯。在转弯时要操作转向灯开关，发出转弯信号。顺时针转动方向盘，蓄电池搬运车向右转弯；逆时针转动方向盘，蓄电池搬运车向左转弯。

5) 倒车。倒车时，必须先使车辆完全停止，确认左右无障碍后，将进退操纵按钮打至"后退"位置，方可踩加速踏板，控制车速倒车。

6) 停车。松开加速踏板，车就会慢慢停下，必要时可踩下制动踏板。在坡道上停车，可使用手制动器以防止车辆自行下滑。

(4) 行驶时的注意事项

1) 不得在雨中行驶。

2) 正常行驶时，不允许关闭电源。如发生异常情况，应保持镇静，立即按下总电源开关，切断总电源。

3) 在一般行车情况下，减速时可以放松加速踏板，直至完全松开，无须使用制动踏板。在需要使用制动踏板时，应先松开加速踏板，再对制动踏板逐渐增加压力，使车辆减速制动。急剧制动不仅会加速制动摩擦片、制动鼓及轮胎的磨损，而且使减速箱、后桥箱的齿轮、轴等机件和电动机受冲击而容易损伤。急剧制动不利于转向操作。

4) 在行驶中要观察有无特殊声响和气味，制动、转向时有无异常现象。

5) 行驶时，司机要确认道路符合《厂矿道路设计规范》GBJ 22—87 中电瓶车道主要技术指标要求。

6) 蓄电池搬运车进、出库时应鸣笛示警。

7) 蓄电池搬运车在转弯时要操作转向灯开关,发出转弯信号。在转弯时应提前减速,转弯半径越小,其车速度越慢,急转弯要慢速行。不允许全速转弯,以免发生事故。

8) 禁止高速急转弯。高速急转弯会导致车辆失去横向稳定而倾翻。

9) 非特殊情况,禁止载物行驶中急刹车和急转弯,以防货物滑出伤人。

10) 蓄电池搬运车在运行时要遵守厂内交通规则,必须与前面的车辆保持一定的安全距离。

11) 行驶中不可忽快忽慢,应尽量保持匀速直线行驶。起步、停车要慢。

12) 禁止在坡道上转弯,也不应横跨坡道行驶。

13) 蓄电池搬运车运行时严禁拉其他车辆。

(5) 装载

1) 蓄电池搬运车运载重量一定要在许可的载重范围内,严禁超载运行,严禁偏载。

2) 蓄电池搬运车载货时,装载高度从地面算起不得超过2m,装载宽度左右各不得超出车厢200mm,装载长度不得超过车身500mm。

3) 蓄电池搬运车禁止在驾驶室内放置物件。

4) 蓄电池搬运车装货时,要注意平稳,货物要绑牢或卡紧。

5) 蓄电池搬运车装货时,重量要分布均匀,重心越低越好。

(6) 操作后

1) 工作完毕必须将蓄电池搬运车停放在指定位置。

2) 车完全停稳后,将钥匙开关向左旋转并取出钥匙,拍下总电源开关,切断电源。

3) 拉上手制动器,防止蓄电池搬运车溜动。

4) 填好当日运行记录本,交分中心调度(使用部门主管)检查签字。

5) 将钥匙归还给钥匙保管人（设备检修调度）并在申请单上注明归还钥匙时间及剩余电量。

6) 检查各电动机换向器，如有伤痕立即修理，电刷弹簧等应保持工作正常。

7) 检查弹簧老化、磨损情况。

3.5.2 蓄电池叉车

1. 蓄电池叉车概述

蓄电池叉车是以直流电源（电瓶）为动力的装卸及搬运车辆。蓄电池叉车牵引性能优于内燃机。其耐用性、可靠性和适用性都很高，完全可以与内燃机叉车相抗衡。此外，运转平稳、无噪声，不排废气，检修容易，操纵简单；营运费用较低，整车的使用年限较长。缺点是：需要充电设备，基本投资高，充电时间较长，一次充电后的连续工作时间短，蓄电池怕冲击振动，对路面要求高。由于蓄电池容量有限，电动机功率小，车速和爬坡能力较低。因此，由蓄电池-电动机驱动的蓄电池叉车主要用于通道较窄、搬运距离不长、路面好、起重量较小、车速不要求太快的仓库和车间。在易燃品仓库或要求空气洁净的地方，只能使用蓄电池叉车。

2. 蓄电池叉车各部分的组成及功能

如图 3.5-4，蓄电池叉车主要由蓄电池-电动机、底盘（行走机构）、车体、起升机构、液压系统及电气设备等组成。

(1) 蓄电池-电动机

它是蓄电池叉车的动力源，向外输出动力。

(2) 底盘

底盘用来支承车身、接受发动机输出的动力，并保证叉车能够正常行驶。它包括传动装置、行驶装置、转向装置和制动装置等。

(3) 车体

叉车的车体与车架合为一体，由型钢组焊而成。置于叉车后部、与车型相适应的铸铁块为配重，其重量根据叉车额定起重量

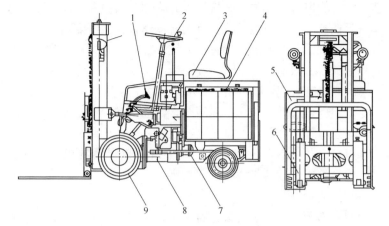

图 3.5-4　蓄电池叉车

1—制动与控制部件；2—转向系统；3—座椅；4—电瓶箱；
5—车体部件；6—升降门架；7—油路系统；8—电路系统；9—前桥部件

的大小而决定，在叉车载重时起平衡作用。以保持叉车的稳定性。

（4）起升机构

起升机构主要由门架和货叉组成。门架铰接在前桥支架车体上，由一套并列的钢框架和固定货叉的滑动支架所组成。

货叉是两个弯曲90°的钢叉，装在滑动支架上，是承载物料的工具。货叉的规格是根据叉车的最大载荷而设计的。可驱动液压缸使货叉进行前倾或后仰。

（5）液压系统：

1）升降液压缸，其柱塞顶端与升降门架固紧在一起，控制货叉的起升或降落。

2）倾斜液压缸，其柱塞顶端与门架铰接，控制门架的前倾或后仰。

3）液压泵，可以是叶片泵或齿轮泵。液压泵输出高压油（6.37～15.7MPa），驱动升降液压缸和倾斜液压缸。

4）液压分配阀，由阀体、升降液压缸阀芯，倾斜液压缸阀芯和安全阀组成。其作用是按货叉升降和倾斜的工作需要，通过操纵手柄控制升降或倾斜液压缸阀芯动作，将高压油输入升降或倾斜液压缸。安全阀的作用是当系统中油压超过一定值时，使油液从回油管流回油箱。

5）节流阀，装于升降液压缸的管路中，其作用是增大油液的流动阻力，当升降液压缸泄压时，保证货叉缓慢下降。

（6）电气设备

电气设备由电源、发动机启动系统和点火系统以及叉车照明、信号等用电设备组成。

（7）指示灯

用来指示所对应的装置是否在正常运转，如果出现异常，小灯就会亮。

1）充电指示灯：此灯显示蓄电池充电状态，启动开关置于"ON"位置时灯亮，如果发动机启动后此灯应熄灭。

2）左转指示灯：左转向灯亮，此指示灯亮。

3）右转指示灯：右转向灯亮，此指示灯亮。

4）远光指示灯：远光灯亮，此指示灯亮。

（8）钥匙开关

1）OFF：这是钥匙插入拔出的位置，在该位置时停机。

2）ON：启动钥匙位于"ON"，电路接通，发动机启动后，钥匙就留在该位置。

3）START：钥匙位于"START"位置时，发动机启动，启动后，一松手钥匙在回弹力作用下自动回到"ON"位置。

4）预热指示灯：启动时，钥匙位于"ON"就亮一会，当灯熄灭后，钥匙转到"START"位置启动。

5）灯光开关：这种开关是推拉式二挡开关，X表示接通。

6）喇叭按钮：按下方向盘中心的喇叭按钮，喇叭就响。

7）转向灯开关：转向灯开关位于转向管柱右侧，转弯时拨动此开关，R—右转向灯，N—中位，L—左转向灯。转向灯不能自动回到中位，须手动复位。

(9) 操纵

1) 方向盘：方向盘向右边旋转，叉车将向右转；方向盘向左边旋转，叉车将向左转。叉车后部能向外摆动。

2) 起升操纵杆：前后推拉此手柄，货叉就能下降上升。起升速度由手柄后倾角度和油门踏板控制。下降速度仅由手柄前倾角度控制，与油门无关。

3) 手制动操作手柄：停车制动时，通过后拉这个手柄作用在前轮上，使制动器产生制动力。要松开制动，前推手柄即可。

4) 换向操纵杆：控制前进或后退。

5) 换挡操作杆：控制快挡或慢挡。

(10) 踏板

1) 离合器踏板：踩下离合踏板，发动机与变速箱分离；松开离合踏板，来自发动机的动力通过离合器传给变速箱。

2) 微动踏板：踩下制踏板，液力离合器的油压下降。叉车靠近货物或装卸作业需要慢速行驶时使用。进一步踩下踏板，叉车将被制动。

3) 制动踏板：踩下制动踏板，叉车将被减速或停止，同时制动灯亮。

4) 加速踏板：踩下加速踏板，车辆运行速度加快；松开加速踏板，车辆运行速度下降。

(11) 其他

1) 挡货架：挡货架保证货物装载平稳。

2) 座椅及座椅调节杆：向左移动座椅调节杆，将座椅调整到乘坐舒适、便于操作的位置。并可靠锁紧。

3) 护顶架：护顶架保护操作者不被上方坠物伤害。它必须有足够的抗冲击强度。

4) 蓄电池机罩：使用大开度蓄电池机罩，便于检查维护。在蓄电池机罩内侧气弹簧力的帮助下，向上打开蓄电池机罩。闭合时，把蓄电池机罩头部下按即可。

5) 货叉定位销：调整货叉间距时使用。将货叉定位销拔起，旋转 90°，依据所要装卸的货物调整货叉到需要的位置上。

6) 液压油箱盖：液压油箱盖位于蓄电池机罩内，加油时打开蓄电池机罩。通过加油口加注清洁的液压油，加油后拧紧盖子。

7) 前大灯和前组合灯：两只前大灯和前组合灯（转向型号灯和示宽灯）安装在护顶架前支撑上。

8) 方向盘调整杆：为适应操作者的需求，叉车的转向管柱倾角是可调的。向上扳动手柄，叉车转向管柱被松开；向下扳动手柄，转向管柱被锁紧。

3. 蓄电池叉车操作要点

（1）操作前车辆检查

1) 检查轮胎气压是否足够，检查轮胎有无破损，轮辋是否变形，检查轮毂螺母有无松动。

2) 目视检查门架各紧固螺丝的紧固状态，提升链条有无异常。

3) 接入蓄电池与叉车连接接头，接通电源开关，将钥匙打到"ON"位置，释放急停开关，检查电量是否充足。

4) 检查喇叭、照明灯、转向灯、刹车灯和倒车灯是否正常，检查进退操纵杆是否置于初始位置。

5) 检查蓄电池电解液液位。如果电解液液位不在规定范围（min～max）内，应加蒸馏水到规定范围（min～max）内。

6) 操作升降、前后倾操纵杆，检查门架及起升系统是否正常。

7) 将进退操纵杆置"前进"或"后退"位置，检查转换开关工作是否正常。

8) 左、右转动方向盘，检查转向系统工作是否正常。

9) 在转换开关动作后，检查启动、运转及制动性能是否正常。

（2）起步

1) 起步前，观察四周，确认无妨碍行车安全的障碍后，先鸣笛，后起步。

2) 叉车在载物起步时，驾驶员应先确认所载货物平稳可靠。

3) 将钥匙打到"ON"，释放急停开关，松开手制动操纵杆，将进退操纵杆打到"前进"或"后退"位置，踩下加速踏板，叉车平稳缓慢起步。

(3) 行驶时的注意事项：

1) 行驶时，货叉底端距地面高度应保持300～400mm左右，门架须后倾到位。

2) 行驶时不得将货叉升得太高。进出作业现场或行驶途中，要注意上空有无障碍物刮碰。载物行驶时，如货叉升得太高，还会增加叉车总体重心高度，影响叉车的稳定性。

3) 卸货后应先降落货叉至正常的行驶位置后再行驶。

4) 非特殊情况，禁止载物行驶中急刹车和急转弯，以防货物滑出。

5) 载物行驶上下坡时，非特殊情况不得使用制动器。

6) 叉车在运行时要遵守厂内交通规则，必须与前面的车辆保持一定的安全距离。

7) 叉车运行时，载荷必须处在不妨碍行驶的最低位置，门架要适当后倾，除堆垛或装车时，不得升高载荷。

8) 叉车由后轮控制转向，所以必须时刻注意车后的摆幅，避免初学者驾驶时经常出现的转弯过急现象。

9) 禁止在坡道上转弯，也不应横跨坡道行驶，以免倾翻。

10) 不准高速驾驶下坡，应慢速稳控刹车下坡，以防货物颠落。叉车在坡道上停车时，应用手刹制动，叉架着地，以防滑溜。

11) 行驶过程中操作者应随时检查蓄电池电量是否充足（30%就要进行充电），防止电量不足。

(4) 前进行驶

将进退操纵杆打至"前进"位置，踩下加速踏板，叉车即向前。

(5) 后退行驶

将进退操纵杆打至"后退"位置,踩下加速踏板,叉车即后退。

(6) 转弯时

1) 叉车在转弯时要操作转向灯开关,发出转弯信号。

2) 禁止高速急转弯。高速急转弯会导致车辆失去横向稳定而倾翻。

3) 在转弯时应提前减速,转弯半径越小,其车速度越慢,急转弯要慢速行驶。

4) 顺时针转动方向盘,叉车右转弯;逆时针转动方向盘,叉车左转弯,叉车是用后轮转向的,转向时后部平衡重心向外旋转,转变时方向盘要比前轮转向的车辆略提前一点旋转。

(7) 装卸

1) 叉载物品时,应按需调整两货叉间距,使两叉负荷均衡,不得偏斜,物品的一面应贴靠挡货架,叉载的重量应符合载荷中心曲线标志牌的规定,将货叉提升离地 50~100mm,确认货物牢固,然后门架后倾到位,提升货叉底端离地 300~400mm,再开始行驶。

2) 载物高度不得遮挡驾驶员的视线。

3) 在进行物品的装卸过程中,必须用手对叉车进行制动。

4) 货叉接近或撤离物品时,车速应缓慢平稳,注意车轮不要碾压物品、木垫等,以免碾压物品飞起伤人。

5) 用货叉叉取货物时,货叉应尽可能深地叉入载荷下面,还要注意货叉尖不能碰到其他货物或物件。应采用最小的门架后倾来稳定载荷,以免载荷向后滑动,发现货叉长度不够货物重心时,严禁叉起货物。放下载荷时,可使门架小量前倾,以便于安放载荷和抽出货叉。

6) 禁止高速叉取货物和用叉头与坚硬物体碰撞。

7) 叉车作业时,禁止人员站在货叉上或货叉之下。

8）禁止将货物吊于空中而驾驶员离开驾驶位置。

9）叉车作业时，禁止非作业人员站在货叉周围，以免货物倒塌伤人。

10）禁止用货叉举升人员从事高处作业，以免发生高处坠落事故。

11）不准用制动惯性溜放物品。

12）禁止使用单叉作业。

13）禁止超载作业。

14）提起、放下货物时应慢提慢放。

15）不准用货叉挑翻货盘的方法卸货。

16）在叉运危险品、易燃品等货物时，必须作好安全防护，才能叉运，防止危险品、易燃品等货物倾倒、洒漏等安全事故。

（8）操作后

1）工作完毕后必须将叉车停放在指定位置。

2）换挡手柄置于空挡位，将叉臂降到最低位。

3）上紧手刹车操纵杆，防止叉车溜动。

4）将钥匙打到"OFF"位置，关闭电源并取出钥匙，按下急停开关。

5）操作多路阀数次，释放油缸和管路中的剩余压力。清洁并检查车辆的全面状况，检查是否有油液泄漏；加注润滑脂。

6）断开蓄电池的电源。

（9）常规充电

1）打开蓄电池盖板，断开电池和叉车的连接。

2）连接充电机和蓄电池充电插头。

3）打开蓄电池电解液盖子。

4）连接充电机和蓄电池充电插头。

5）接通电源并合上电源开关。

6）充电机进行约10s的延时检测后，充电机自动启动；同时，工作指示灯亮，信息窗显示充电信息。

7)整个充电过程:"ON"工作指示灯亮→"80%"容量指示灯亮→"100%"容量指示灯亮,蓄电池电量充足,充电机进入待机状态。

8)充电过程中信息窗内依次显示充电电压、充电时间、充电电流、充电容量。

3.5.3 内燃叉车

1. 内燃叉车的概述

内燃叉车是指使用柴油、汽油或者液化石油气为燃料,由发动机提供动力的叉车。载重量为0.5~45t。普通标准型叉车均由动力系统、传动系统、起升系统、转向系统、操作系统、液压系统、电气系统及车身系统等8大系统组成。

2. 内燃叉车的基本结构及功能

如图3.5-5、图3.5-6。

图3.5-5 内燃叉车(一)

叉车的种类很多,但其构造基本相似,主要由发动机、底盘(行走机构)、车体、起升机构、液压系统及电气设备等组成。

(1)发动机

它是内燃叉车的动力源。它将燃料产生的热能转化为机械能量,通过发动机的飞轮向外输出动力。

(2)底盘

图 3.5-6 内燃叉车（二）

底盘用来支承车身、接受发动机输出的动力，并保证叉车能够正常行驶。它包括传动装置、行驶装置、转向装置和制动装置等。

(3) 车体

叉车的车体与车架合为一体，由型钢组焊而成。置于叉车后部、与车型相适应的铸铁块为配重，其重量根据叉车额定起重量的大小而决定，在叉车载重时起平衡作用。以保持叉车的稳定性。

(4) 起升机构

起升机构主要由门架和货叉组成。门架铰接在前桥支架车体上，由一套并列的钢框架和固定货叉的滑动支架所组成。

货叉是两个弯曲 90° 的钢叉，装在滑动支架上，是承载物料的工具。货叉的规格是根据叉车的最大载荷而设计的，可驱动液压缸使货叉进行前倾或后仰。

(5) 液压系统主要有：

1) 升降液压缸，其柱塞顶端与升降门架固紧在一起，控制货叉的起升或降落。

2) 倾斜液压缸，其柱塞顶端与门架铰接，控制门架的前倾或后仰。

3) 液压泵，可以是叶片泵或齿轮泵。液压泵输出高压油

(6.37~15.7MPa)，驱动升降液压缸和倾斜液压缸。

4）液压分配阀，由阀体、升降液压缸阀芯，倾斜液压缸阀芯和安全阀组成。其作用是按货叉升降和倾斜的工作需要，通过操纵手柄控制升降或倾斜液压缸阀芯动作，将高压油输入升降或倾斜液压缸。安全阀的作用是当系统中油压超过一定值时，使油液从回油管流回油箱。

5）节流阀，装于升降液压缸的管路中，其作用是增大油液的流动阻力，当升降液压缸泄压时，保证货叉缓慢下降。

(6) 电气设备

电气设备由电源、发动机启动系统和点火系统以及叉车照明、信号等用电设备组成。

(7) 仪表

1）计时表：记录叉车的运行时间，以此作为定期检查与维修的依据。

2）液力变速箱油温表（仅液力叉车）：显示液力传动油油温，在正常情况下，指针在绿色范围内（60~120℃）。

3）发动机水温表：显示发动机的冷却水温度，在正常情况下，指针在 60~115℃ 范围内。

4）燃油表：显示燃油箱内的燃油量，制针织在刻度表的左侧表示油空了，刻度表右边 1/4 处为 1/4 油量，3/4 处表示 3/4 油量，右边终点表示满箱油。

(8) 指示灯

1）充电指示灯：此灯显示蓄电池充电状态，启动开关置于"ON"位置时灯亮，如果发动机启动后此灯应熄灭。

2）油压报警灯：此灯指示发动机润滑油的状态，启动开滚置于"ON"位置。

3）左转指示灯：左转向灯亮，此指示灯亮。

4）右转指示灯：右转向灯亮，此指示灯亮。

5）远光指示灯：远光灯亮，此指示灯亮。

6）滤油指示灯：指示滤油器工作情况，滤油器阻塞此灯亮。

（9）钥匙开关

1) OFF：这是钥匙插入拔出的位置，在该位置时停机。

2) ON：启动钥匙位于"ON"，电路接通，发动机启动后，钥匙就留在该位置。

3) START：钥匙位于"START"位置时，发动机启动，启动后，一松手钥匙在回弹力作用下自动回到"ON"位置。启动时，钥匙位于"ON"预热指示灯（D）就亮一会，当灯熄灭后，钥匙转到"START"位置启动。

4) 灯光开关：这种开关是推拉式二挡开关，X表示接通。

5) 喇叭按钮：按下方向盘中心的喇叭按钮，喇叭就响。

6) 转向灯开关：转向灯开关位于转向管柱右侧，转弯时拨动此开关，R—右转向灯，N—中位，L—左转向灯。转向灯不能自动回到中位，须手动复位。

（10）操纵

1) 方向盘：方向盘向右边旋转，叉车将向右转；方向盘向左边旋转，叉车将向左转。叉车后部能向外摆动。

2) 起升操纵杆：前后推拉此手柄，货叉就能下降上升。起升速度由手柄后倾角度和油门踏板控制。下降速度仅由手柄前倾角度控制，与油门无关。

3) 手制动操作手柄：停车制动时，通过后拉这个手柄作用在前轮上，使制动器产生制动力。要松开制动，前推手柄即可。

4) 换向操纵杆：控制前进或后退。

5) 换挡操作杆：控制快挡或慢挡。

（11）踏板

1) 离合器踏板：踩下离合踏板，发动机与变速箱分离；松开离合踏板，来自发动机的动力通过离合器传给变速箱。

2) 微动踏板：踩下制踏板，液力离合器的油压下降。叉车靠近货物或装卸作业需要慢速行驶时使用。进一步踩下踏板，叉车将被制动。

3）制动踏板：踩下制动踏板，叉车将被减速或停止，同时制动灯亮。

4）油门踏板：踩下油门踏板，发动机转速上升，车辆运行速度加快；松开油门踏板，发动机转速下降，车辆运行速度下降。

(12) 其他

1）挡货架：挡货架保证货物装载平稳。

2）座椅及座椅调节杆：向左移动座椅调节杆，将座椅调整到舒适、便于操作的位置，并可靠锁紧。

3）护顶架：护顶架保护操作者不被上方坠物伤害。它必须有足够的抗冲击强度。

4）内燃机罩：大开度内燃机罩，便于维修服务。在内燃机罩内侧气弹簧力的帮助下，向上打开内燃机罩。闭合时，把内燃机罩头部下按即可。

5）货叉定位销：调整货叉间距时使用。将货叉定位销拔起，旋转$90°$，依据所要装卸的货物调整货叉到需要的位置上。

6）液压油箱盖：液压油箱盖位于内燃机罩内，加油时打开内燃机罩。通过加油口加注清洁的液压油，加油后旋紧盖子。

7）燃油箱盖：燃油箱盖在车体左后侧。燃油箱盖内有通气孔，每次加油要检查通气孔是否通畅。

8）水箱盖与附水箱：附水箱在内燃机罩内侧，水箱盖位于内燃机罩后部盖板下方。

9）前大灯和前组合灯：两只前大灯和前组合灯（转向型号灯和示宽灯）安装在护顶架前支撑上。

10）方向盘调整杆：为适应操作者的需求，叉车的转向管柱倾角是可调的。向上扳动手柄，1~1.8t叉车转向管柱被松开；向下扳动手柄，转向管柱被锁紧。2~3.5t叉车相反。

3. 内燃叉车操作要点

(1) 操作前

1）检查轮胎气压及轮毂螺母。检查轮胎气压是否足够，检查轮胎有无破损、轮辋是否变形，检查轮毂螺母有无松动。

2) 燃油、液压油和水渗漏检查。检查发动机、液压管接头、水箱以及驱动系统是否漏油或漏水，用手摸或目测，严禁使用明火、白炽灯照明。

3) 制动液量、水箱冷却水量、发动机机油量、液压油箱油位、燃油量油位检查和检查有无渗漏。

4) 检查制动液油杯，查看制动液量是否在刻度范围内。检查水箱水位是否正常，检查发动机机油量是否足够，查看液压油箱油位是否在两刻度之间；查看燃油油量是否足够。

5) 目视检查门架各紧固螺丝的紧固状态，提升链条是否有异常。

6) 制动踏板及手制动检查。踩下制动踏板，检查是否有迟钝或卡滞，检查手制动手柄是否安全可靠。

7) 微动踏板和加速踏板检查。踩下微动踏板、加速踏板，检查是否有迟钝或卡滞。

8) 检查换挡手柄、起升手柄、倾斜手柄及门架。检查换挡手柄是否有松动，换挡是否平稳；检查起升、倾斜手柄是否松动，回位是否良好；检查门架起升、倾斜是否正常，有无异响。

9) 检查仪表、喇叭、照明灯、转向灯、刹车灯和倒车灯是否正常。

(2) 正常行驶时

1) 行驶时，货叉底端距地面高度应保持 300~400mm、门架须后倾到位。

2) 行驶时不得将货叉升得太高。进出作业现场或行驶途中，要注意上空有无障碍物刮碰。载物行驶时，如货叉升得太高，还会增加叉车总体重心高度，影响叉车的稳定性。

3) 卸货后应先降落货叉至正常的行驶位置后再行驶。

(3) 转弯时

1) 叉车在转弯时要操作转向灯开关，发出转弯信号。

2) 禁止高速急转弯。高速急转弯会导致车辆失去横向稳定而倾翻。

3) 在转弯时应提前减速，转弯半径越小，其车速度越慢，急转弯要慢速行驶。

4) 顺时针转动方向盘，叉车向右转弯；逆时针转动方向盘，叉车向左转弯。注意，叉车是用后轮转向，转向时后部平衡重心向外旋转，转弯时方向盘要比前轮转向的车辆略提前一点旋转。

5) 非特殊情况，禁止载物行驶中急刹车和急转弯，以防货物滑出。

6) 载物行驶在上下坡时，非特殊情况不得使用制动器。

7) 叉车在运行时要遵守厂内交通规则，必须与前面的车辆保持一定的安全距离。

8) 叉车运行时，载荷必须处在不妨碍行驶的最低位置，门架要适当后倾，除堆垛或装车时，不得升高载荷。

9) 叉车由后轮控制转向，所以必须时刻注意车后的摆幅，避免初学者驾驶时经常出现的转弯过急现象。

10) 禁止在坡道上转弯，也不应横跨坡道行驶，以免倾翻。

11) 不准高速驾驶下坡，应慢速稳控刹车下坡，以防货物颠落。叉车在坡道上停车时，应用手刹制动，叉架着地，以防滑溜。

12) 叉车运行尽量远离液化气罐、木材、纸和化学物质，消声器排出的废气有引起燃烧或爆炸的危险。

13) 启动。启动前确认叉车四周无人，换挡手柄置空挡位置，启动开关旋至"↻"位置启动，启动后钥匙放回"Ⅰ"位置。注意：若5s不能启动应旋回"0"位置，间隔2min再启动；若连续三次都不能启动，应查明原因；发动机启动后，预热发动机约5min，检查发动机运转情况，无异响。

(4) 起步

1) 起步前，观察四周，确认无妨碍行车安全的障碍后，先鸣笛，后起步。

2) 叉车在载物起步时，驾驶员应先确认所载货物平稳可靠。

3)起步时须缓慢平稳起步。

4)提升货叉离地面300～400mm,门架后倾到位,环视叉车周围,检查有无行人按喇叭,踩下微动踏板,操作前、后换向杆,松开手制动,缓慢松开微动踏板,均匀踏下加速踏板,车辆运行。

(5)减速、换挡

1)减速:先松开加速踏板,踩下微动踏板,需要时踩下制动踏板。

2)换挡:先松开加速踏板,踩下微动踏板,然后旋转换挡开关。

3)停车:先松开加速踏板,踩下制动踏板让车停下来,换挡手柄置于空挡位,拉上手刹车,货叉落地,门架最大前倾,钥匙开关打至"0"位置关掉发动机,取下钥匙。

(6)装卸

1)叉载物品时,应按需调整两货叉间距,使两叉负荷均衡,不得偏斜,物品的一面应贴靠挡货架,叉载的重量应符合载荷中心曲线标志牌的规定,将货叉提升离地50～100mm,确认货物牢固,然后门架后倾到位,提升货叉底端离地300～400mm,再开始行驶。

2)载物高度不得遮挡驾驶员的视线。

3)在进行物品的装卸过程中,必须用手制动对叉车进行制动。

4)货叉接近或撤离物品时,车速应缓慢平稳,注意车轮不要碾压物品、木垫等,以免碾压物品飞起伤人。

5)用货叉叉取货物时,货叉应尽可能深地叉入载荷下面,还要注意货叉尖不能碰到其他货物或物件。应采用最小的门架后倾来稳定载荷,以免载荷向后滑动,发现货叉长度不够货物重心时,严禁叉起货物。放下载荷时,可使门架小量前倾,以便于安放载荷和抽出货叉。

6)禁止高速叉取货物和用叉头与坚硬物体碰撞。

7) 叉车作业时，禁止人员站在货叉上或货叉下。

8) 禁止将货物吊于空中而驾驶员离开驾驶位置。

9) 叉车作业时，禁止非作业人员站在货叉周围，以免货物倒塌伤人。

10) 禁止用货叉举升人员从事高处作业，以免发生高处坠落事故。

11) 不准用制动惯性溜放物品。

12) 禁止使用单叉作业。

13) 禁止超载作业。

14) 提起、放下货物时应慢提慢放。

15) 不准用货叉挑翻货盘的方法卸货。

16) 在叉运危险品、易燃品等货物时，必须作好安全防护，才能叉运，防止危险品、易燃品等货物倾倒、洒漏等安全事故。

(7) 操作后

1) 工作完毕后必须将叉车停放在指定位置。

2) 换挡手柄置于空挡位，将叉臂降到最低位。

3) 拉好手制动，防止叉车溜动。

4) 将钥匙打至"0"位置关闭电源并取出钥匙，拍下急停开关。

5) 操作多路阀数次，释放油缸和管路中的剩余压力；清洁并检查车辆的全面状况，检查是否有油液泄漏；加注润滑脂。

3.5.4 起重机

1. 起重机的概述

桥式起重机是桥架在高架轨道上运行的一种桥架型起重机，又称天车。桥式起重机桥架沿铺设在两侧高架上的轨道纵向运行，起重小车沿铺设在桥架上的轨道横向运行，构成一矩形的工作范围，使挂在吊钩或其他取物装置上的重物在空间实现垂直升降或水平运移，不受地面设备的阻碍。双梁桥式起重机承载能力强，跨度大、整体稳定性好，广泛地应用在室内外仓库、厂房、码头和露天贮料场等处。

2. 桥式起重机各部分的名称及功能

（1）组成部分

普通桥式起重机一般由起重小车、桥架运行机构、桥架金属结构组成，如图 3.5-7、图 3.5-8。

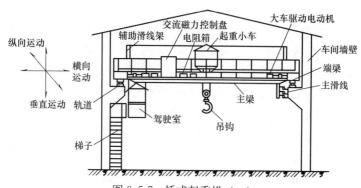

图 3.5-7　桥式起重机（一）

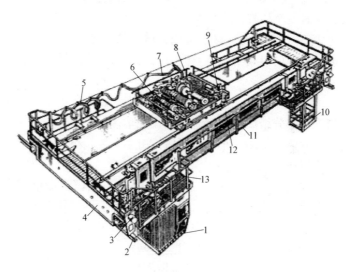

图 3.5-8　桥式起重机（二）

1—司机室；2—大车轨道；3—缓冲器；4—大梁；5—电缆；
6—副起升机构；7—主起升；8—起重小车；9—小车运行机构；
10—检修吊笼；11—走台栏杆；12—主梁；13—大车运行

1) 起重小车又由起升机构、小车运行机构和小车架 3 部分组成。

① 起升机构包括电动机、制动器、减速器、卷筒和滑轮组。电动机通过减速器，带动卷筒转动，使钢丝绳绕上卷筒或从卷筒放下，以升降重物。

② 小车运行机构包括电动机、制动器、减速器。带动车轮，实现起重机的运行。

③ 小车架是支托和安装起升机构和小车运行机构等部件的机架，通常为焊接结构。其上装有小车移行机构、提升机构、栏杆及提升限位开关。小车可沿桥架主梁上的轨道左右移行。在小车运动方向的两端装有缓冲器和限位开关。

2) 桥架是桥式起重机的基本构件，由主梁、端梁等几部分组成，也就是大车。

① 主梁跨架在车间上空，其两端连有端梁，主梁外侧装有走台并设有安全栏杆。

② 桥架上装有大车移行机构、电气箱、起吊机构、小车运行轨道以及辅助滑线架。桥架的一头装有驾驶室，另一头装有引入电源的主滑线。

③ 大车移行机构由驱动电动机、制动器、传动轴、减速器和车轮等几部分组成。整个起重机在大车移行机构驱动下，沿车间长度方向前后移动。小车运行机构由小车架、小车移行机构和提升机构组成。

④ 操纵室是操纵起重机的吊舱，又称驾驶室。操纵室内有大、小车移行机构控制装置、提升机构控制装置以及起重机的保护装置等。操纵室一般固定在主梁的一端。

⑤ 小车导电装置：辅助滑线。

⑥ 起重机总电源导电装置：主滑线。

⑦ 交流磁力控制箱、电阻箱。

⑧ 轨道。

3) 桥架金属结构

构成桥式起重机的首要金属结构部分是桥架,横架在车间两边吊车梁的轨迹上,并沿轨迹前后运转。除桥架外,还有小车,小车上装有起升组织和运转组织,能够带着吊起的物品沿桥架上的轨迹运转。

(2) 运动形式

桥式起重机的运动形式包括 3 种:

1) 由大车拖动电动机驱动的前后运动;

2) 由小车拖动电动机驱动的左右运动;

3) 由提升电动机驱动的重物升降运动。

这样桥式起重机就可实现重物在垂直、横向、纵向三个方向的运动,把重物移至车间任一位置,完成车间内的起重运输任务。

所以桥式起重机桥架的前后运转、小车沿桥架的运转以及起升组织的升降动作,三者所构成的立体空间规模是桥式起重机吊运物品的有用空间。通常具有 3 个组织:起升组织(起分量稍大的有主副两套起升组织)、小车运转组织和大车运转组织。别的还包含栏杆、司机室等。

3. 起重机操作要点

(1) 带司机室的起重机操作

1) 在操作前,必须在总开关断开的情况下进行起重机的检查工作,在起重机上不得遗留工具或其他物品,以免跌落发生人身意外或损坏机器。

2) 司机必须在确认走台或轨道上无人时,才可以闭合主电源。当电源断路器上有加锁或有告示牌时,应由原设置人员(有关人员)除掉后方可闭合主电源。

3) 首先确认所有的控制手柄置于零位。

4) 开车前必须鸣铃,操作中接近人时应断续鸣铃。吊臂下、吊物下不得有人。

5) 对升降起重机的控制器应逐级开动,在机械完全停止运转前,禁止将控制器从顺转位置直接扳到逆转位置进行制动,但用作防止事故发生的情况下可以直接扳到逆转位置，而控制器只能打在反向一挡。

6）在电压显著降低和电力输送中断的情况下，主刀开关必须断开，而所有的控制器复位处在零位上，司机以信号通知司索指挥工。

7）起重机及小车必须以最慢的速度，在不碰撞挡架的条件下，逐步靠近边缘位置。

8）当接近卷扬机限位器，大小车临近终端或与邻近起重机相遇时，速度要放慢。禁止用倒车代替制动，限位器代替停车，紧急开关代替普通开关。

9）当起重机工作完毕后，应停在规定位置，升起吊钩至安全高度（至少超过2m），小车开到轨道两端，使控制器处在零位，并断开主刀开关，关掉电源总闸。

（2）地操式起重机的操作（包含地操式桥式起重机、地操式悬挂式起重机）

1）打电源开关，检查急停按钮是否松开。

2）按下启动开关（START），启动起重机。

3）地操司机负责吊物捆绑安全牢固后，按具体作业要求进行相应的操作。

4）按下"1"（上升）按钮时进行快速上升吊钩。按下"2"（下降）按钮时，进行快速下降吊钩。

5）按下"上"（上升）按钮时行慢速上升吊钩，按下"下"（下降）按钮时，进行慢速下降吊钩。

6）按下"东"按钮进行向东移动，按下"西"按钮进行向西移动。

7）按下"南"按钮进行向南移动，按下"北"按钮进行向北移动。

8）工作完毕后，司机应把起重机开到规定位置停好，吊钩升起至安全高度（至少超过2m），小车开到指定起重机端头，按下急停按钮开关，切断地操按钮盒（遥控器）电源，关掉起重机电源总闸。

3.6 专用设备的功能和各组成部分名称及操作规程

3.6.1 RTT-2000公路、铁路两用车

1. 公路、铁路两用车的概述

公路、铁路两用车主要用于电客车无动力情况下，在不落轮镟床上牵引、对位。公路、铁路两用车具有两种行驶模式，一种是公路模式，另一种是铁路模式。在公路模式下，该车通过橡胶轮进行转向、行驶。铁路模式下，该车通过两台电动机带动万向轴驱动4个橡胶轮同时动作，同时通过导向轮在钢轨上导向。

2. 主要结构及特点

（1）公路、铁路两用车的组成

车体：牢固的钢板焊接结构（钢板厚度30~60mm）。

控制：电气控制，可编程转换器；控制面板，带控制开关及控制灯；踏板及警示按钮。

灯：2个前灯：白色，2个后灯：白色，1个频闪灯：橙色。

驾驶室座椅：前后水平方向可调。

牵引车挂钩：配置适于牵引用挂钩。

制动系统：紧急情况及停车制动时用2个刹车装置制动于2个驱动马达。

液压系统：助力转向；导向轮升起及落下控制；带转换器的直流泵马达保证启动和停止平稳。

电气系统：驱动元件均置于电气柜中，电气柜设计在座位下面；

控制面板安装在驾驶室操作面板上；

防护等级：最低IP54，由防护盖板防护灰尘及水溅。

充电器：380VAC（50Hz、25A）、48VDC 充电时间约6~8h。配置自动电池充电机。

电量表：显示电池状况/电量不足时分析并启动电量低接触器，显示电量低。

注水系统：电瓶集中注水装置。

遥控装置：发射器（手持或背负）1个（配备2组电池、1个充电器及腰带）；接收器（置于驾驶室内）1个。

(2) 技术参数

轨距：1435mm；

整车重量：约8500kg；

有效牵引力：25kN；

启动牵引力：35kN；

轨道牵引速度：0~3.0km/h；

公路行驶速度：0~5.0km/h；

单车牵引能力：不小于300t地铁车辆；

牵引时制动距离：不大于2m；

停车定位精度：不大于±20mm；

车轮形式（实心）：ϕ660mm×150mm；

轨道轮（单边轮缘）：ϕ280/340；

驱动转弯半径：不大于3.0m；

电动机功率：18kW；

车钩中心距离：660~1050mm范围可调；

工作噪声：不大于60dB；

遥控距离：不小于200m；

外形尺寸：约3500mm×1750mm×1200mm（不含驾驶室）。

(3) 公路、铁路两用车的功能特点

1) 环保、高效率

公路、铁路两用车采用FAAM品牌集中注水铅酸蓄电池为驱动电源，无污染、零排放，维护量低。节约能源同时，最大限度地减少了维修量，提高设备的使用效率。随车配备自动高效充电机和蓄电池注水容器。充电电源380V、50Hz、25A，充电时间6~8h，充满一次电满载运行距离不少于10km，空载不少于18km。

2) 安全

① 公路、铁路两用车具备与各型不落轮镟床安全互锁功能，在进行牵引定位镟修作业时，公路、铁路两用车遥控控制单元与不落轮镟床系统将连锁保护锁定，确保公路、铁路两用车与不落轮镟床互不移动，保证镟修安全可靠，只有联动系统给出释放信号时才可以进行下一步工作。

② 公路、铁路两用车具备公路行驶和铁路行驶模式安全互锁功能，保证公路、铁路两用车在轨道牵引作业时，由于人员对牵引车的误操作造成危险情况的发生，轨道牵引模式下牵引车方向盘锁定。

③ 公路、铁路两用车具备遥控驾驶与车上人工驾驶模式安全互锁功能，保证生产作业安全。

④ 公路、铁路两用车具备低电量保护功能，在蓄电池电量低于30%时，车辆自动减速停车，此时必须按住蓄电池低电量保护按钮，驾驶至指定充电位置充电，防止蓄电池过度放电，延长蓄电池使用时间。

⑤ 公路、铁路两用车共配置6个急停按钮，车体的四角、驾驶仪表盘和遥控器上各配置一个，保证在极端情况下，任何位置均可实现紧急停车操作。

⑥ 公路、铁路两用车的设计符合轨道牵引车标准设计制造，多方面确保安全性，设置频闪启动信号灯，蜂鸣报警器，多个指示灯指示运行状态，紧急情况和停车制动时2个刹车系统分别作业于2个驱动马达，保证牵引车运行的安全。

⑦ 公路、铁路两用车电气防护等级达到IP54，适应作业条件要求。

⑧ 公路、铁路两用车配置避免牵引车脱轨保护装置，牵引时有纠偏功能，传感器感知，防止牵引车脱轨。

⑨ 无线遥控采用的发射频率符合《微功率（短距离）无线电设备管理暂行规定》的有关规定，频率869.72～869.975MHz

选择，不干扰其他设备运行。

3）灵活机动、通用性强

① 公路、铁路两用车配备前后三点悬挂重载车桥，4轮驱动、无级变速，可正反向双向牵引，且具备特殊蠕动速度控制功能，驱动轮见图3.6-1。

图 3.6-1 驱动轮

② 公路、铁路两用车牵引车可以通过道岔及弯道，具备 10m 内爬坡 10%坡的能力。

③ 公路、铁路两用车4轮均可左右转向。

④ 公路、铁路两用车两端均可配备车钩适配器，且高度在 660～1050mm 范围可调，配备地铁车辆车钩适配器，适应地铁车辆的连挂要求。

⑤ 公路、铁路两用车可进行车上人工驾驶和遥控驾驶两种功能，遥控距离不小于 200m。

4）坚固耐用

① 公路、铁路两用车整车采用 30～60mm 厚钢板整体焊接而成，并做防锈喷涂，整车使用寿命达 30 年。

② 采用德国原装进口特种材料制造的大直径实心钢制车轮。适用于不落轮镟床特殊窄轨通过的条件。

③ 蓄电池可进行不少于 1500 次的充放电，正常使用寿命 5 到 6 年。

（4）各组成部分

1）电源系统

由 48V 集中注水铅酸蓄电池组（24 块单体蓄电池组成）、电源逆变器、安全继电器组件和电源开关等组成。电源逆变器将蓄电池供给的直流电转换为交流电供给驱动电动机，将 48V 直流电转换为24V、12V等不同电压的直流电供给电气控制系统。给公路、铁路两用车提供动力电源和控制电源。同时电源逆变具备过载、过热保护等相应的防护措施，保证电源系统的安全性，电池组如图3.6-2。

图3.6-2 电池组

2）电气控制系统

由工业可编程控制器、各种继电器、解除开关、急停开关等组成的电气控制盘和相应的操作面板（遥控器发射器的操作面板）功能键组成。通过预先编制好的程序和设定好的操作面板各功能按钮及脚踏开关来操作公路、铁路两用车，如图3.6-3。

3）液压系统

如图3.6-4，由1台液压泵、电磁液压阀门（调压阀、截止阀、止回阀、三通阀等）、转向助力液压包、各类油管等组成。液压系统的主要功

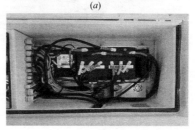

图3.6-3 电气控制系统

3 岗位操作技能 | 229

能是给转向助力提供动力,给前后导向机构的升降提供动力。系统具备液压锁定功能,安全可靠。

图 3.6-4　液压系统

4)遥控系统

如图 3.6-5,由遥控器发射器、接收器及相应的电气控制模块组成。遥控距离一般不小于 200m。

图 3.6-5　遥控器

5)悬挂及走行系统

由前后重载车桥、齿轮箱、联轴器、驱动电动机、驱动车轮以及相应的悬挂托架等组成。

① 轨道轮

如图 3.6-6,液压起降钢轨导向轮,具有通过液压均衡压力调整信号,使轨道导向装置的前后导向轮在预给出的压力下落在轨道上的功能要求。配备多个上下限位、左右限位传感器,防止牵引车脱轨情况的发生。

② 充电机

如图 3.6-7,充电电源 380V、50Hz、25A,充电时间 6～8h。

图 3.6-6　轨道轮

图 3.6-7　充电机

(5) 公路、铁路两用车操作面板

操作面板示意图如图 3.6-8。

3. 操作要点

(1) 公路、铁路模式

1) 操作公路、铁路两用车前,应先检查公路、铁路两用车有无异常,各急停按钮是否打开等。如有异常,禁止操作公路、铁路两用车。

2) 检查完毕后用钥匙将总电源开关置于"ON"位,右侧控制面板上"48VDC"指示灯亮起。

3) 将钥匙插入右侧控制面板"控制"位置向右旋转,"手动

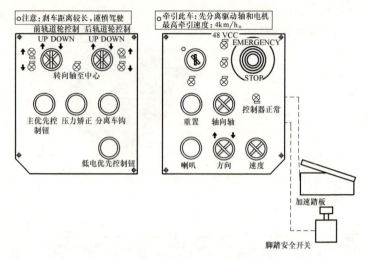

图 3.6-8 操作面板示意图

指示灯"亮起。

4）延时 3~5s 后，按下蓝色"重置"按钮，右侧控制面板上黄色"重置"指示灯亮起，过 2s 后，"控制器"指示灯亮起。

5）查看蓄电池电量表，确保电量充足。若电量低于（4 格）则不能动车，应立即充电。

（2）公路模式

1）若要在公路上行驶，则将左侧控制面板上"前、后导向轮"旋钮向左旋转，至"上到位"指示灯亮起（注意事项：检查 4 个导向轮是否升到位）。

2）根据需要选择速度旋钮"Ⅰ/Ⅱ"挡，转向轴旋钮"前/后"挡，方向旋钮"前进/后退"挡，动车前按 3 下喇叭进行警示。

3）左脚踩下"启停踏板"，右脚缓慢踩下"加速踏板"，控制方向盘，车辆行驶；右脚缓慢松开"加速踏板"后左脚松开"启停踏板"，车辆停止（注意：车辆行驶时，左脚必须踩住启停踏板）。

(3) 铁路模式

1) 若在轨道上行驶，则将左侧控制面板上"前、后导向轮"旋钮向右旋转，至"下到位"指示灯亮起（注意：检查4个导向轮是否下到位，"中心指示"指示灯是否亮起）。

2) 前、后导向轮下到位后，按下左侧控制面板的"压力校正"按钮2~3s。

3) 公路、铁路两用车在轨道上行驶时，严禁按"主优先控制"按钮，此操作会解除方向盘锁定及其他预设安全锁定。

4) 将右侧控制面板上速度旋钮打到"Ⅰ"挡，选择"前进/后退"模式，动车前按三下喇叭进行警示（注：铁路模式时，速度按钮只能按"Ⅰ"挡，因为按"Ⅱ"挡时车辆会停止）。

5) 左脚踩下"启停踏板"，右脚缓慢踩下"加速踏板"，车辆行驶；右脚缓慢松开"加速踏板"后左脚松开"启停踏板"，车辆停止。

6) 作业完毕后，先关闭驾驶台电源开关再断开主电源开关，并拔出激活钥匙，并拍下控制面板上的急停按钮。

(4) 车辆挂钩、解钩

1) 公路、铁路两用车应处在铁路模式，人工操作状态下，挂钩前应检查轨道是否出清，列车所有轮对均在制动缓解状态，且列车在相应位置已放置铁鞋防溜。列车车钩与公路、铁路两用车的车钩均状态正常。

2) 公路、铁路两用车车钩应与列车车钩处于同一高度，挂钩时需要另一名操作者负责观察列车状态，公路、铁路两用车以慢速挂钩，车钩联挂紧固后，应检查公路、铁路两用车车钩与列车车钩是否在同一条线上，以确保联挂紧固。

3) 挂钩后应立即撤掉铁鞋，确认所有铁鞋撤掉后，方可以人工操作状态牵引列车。

4) 解钩前应确保列车已完全静止，铁鞋放回列车相应位置，以防溜车。

5) 确认列车状态正常后，一名操作者拉动解钩杆解钩，解钩完毕后，另一名操作者用遥控器操作公路、铁路两用车前进。

（5）遥控器操作

1) 用钥匙将总电源开关置于"ON"位，右侧控制面板上"48VDC"指示灯亮起。

2) 钥匙插入遥控器中并旋转至"Ⅰ"位，此时右侧控制面板上"无线"指示灯亮起，车辆进入遥控模式。

3) 按下遥控器侧面右下方"控制电源/重置"按钮，此时遥控器电源打开，再次按下按钮，此时左侧控制面板黄色"重置"指示灯亮起。

4) 查看蓄电池电量表，如电量满足动车条件，则按下左侧控制面板的"压力校正"按钮2～3s。

5) 查看左侧控制面板上前、后导向轮"下到位"及"中心指示"4个指示灯是否全亮。

6) 按下喇叭警示，再按下操纵杆上的开始按钮并推动操纵杆选择"前进/后退"模式，车辆行驶。

7) 松开开始按钮及操纵杆，公路、铁路两用车停止。

（6）使用后

1) 使用结束后将公路、铁路两用车恢复初始状态，检查各部件是否出现异常。

2) 填写公路、铁路两用车运行记录本。

3.6.2 移动式架车机

1. 移动式架车机的概述

移动式架车机组用于车辆段检修库内，由4台移动式架车机组成，每4台组成一个车位起升单元，可以单独使用1组满足1辆车的架车作业，车辆拆装转向架或进行车下设备维修工作，更换作业的专用设备。

移动式架车机严格按照国家标准生产，保证设备的标准性和可靠性。移动式架车机电器设备采用先进的核心控制元件——西门子PLC，通过严格全面的程序编制，保障设备的安全运转。

2. 主要结构及特点

如图3.6-9，本机由传动装置、机架、托架、控制台组成。4台为一组，可进行单节车辆的同步举升作业。

图3.6-9　移动式架车机

传动装置：采用斜齿轮减速机直接传动承载丝杠旋转，通过承载螺母带动托架升降，减少了传动件，提高了传动效率。

机架：为双立柱箱形焊接结构；立柱上部顶板与减速机安装座用螺栓相连接成门式结构，立柱下部与底板、立筋板等焊接。立柱导轨面电火花淬火，以提高耐磨性，架车机动作时托架的滚轮沿立柱导轨上下滚动。

托架：由左右侧板、臂板、托头、横担梁、主螺母、保护螺母、滚轮等组成。托架直接承受机车载荷并通过承载螺母，丝杠旋转时带动托架上升或下降。

控制台功能包括16t架车机的同步控制，记数传感器的测量，记数传感器的故障检测，电气安全保护。

3. 安全注意事项

(1) 操作移动式架车机前必须正确穿戴好劳动保护用品。

(2) 操作前必须先指定一名专门的主控台操作人员，并全面阅读及理解设备所有信息。移动式架车机系统只能由有资质和被授权的人员操作。

(3) 操作人员必须密切注意动作单元，观察设备运行时有无异常情况。

(4) 架车作业必须有人指挥，统一操作。

(5) 未经许可的人员不得进入移动式架车机系统的任何位置。

(6) 当发现任何异常情况时，应立即按下急停按钮，关闭电源，并对设备技术状态进行检查。

(7) 在开始操作架车机前，要先熟悉工作环境，并应目视检查移动式架车机系统是否有明显损坏。

(8) 架车过程中如发现对人或设备有危害的情况出现时，应立即按下急停按钮。

(9) 当触发停机后，进一步的纠正措施只能由经过培训的人员来进行。

(10) 只要有人在举升柱下或在举升载荷的投影区域内，禁止进行任何举升或下降作业。

(11) 移动式架车机操作过程中，禁止非专业人员触碰主控台上的任何钥匙和按钮。

(12) 联控操作前，必须按下触摸屏上的"电铃"按钮，长响一声进行警示后，方可操作。

4. 操作要点

(1) 上升

1) 闭合主电源开关（SQ），打开电源钥匙开关，T400C屏启动初始化，初始化完成后显示数据和状态，系统开始正常工作，插上电源线及信号线。

2) 将主控台上模式选择开关转换到"点动"模式，通过操作架车机举升立柱上的本地控制箱上"上升"、"下降"按钮检查控制设备和机械设备的状况,出现异常情况必须马上进行检查和维修,保证架车安全。

3)当车辆到位后,移动架车机到位,转动手轮使托架进入架车点下方,使托头与架车点对正。

4)确认模式选择开关保持在点动模式。

5)由现场操作人员操作架车机机架"上升"和"下降"按钮,调整各架车机的托头,使托头与车辆架车点相互接触,并使得托头处于加载状态,依次操作4个举升立柱,当所有立柱的托头均处于加载状态时,按下高程清零键。

6)将模式选择开关转换到同步模式,准备架车。

7)操作起车铃,进行架车机前的电铃警告。

8)操作"上升"按钮,架车机平稳上升;达到要求高度时,按下急停按钮,架车机停止上升。

(2)下降

1)将模式选择开关转换到"同步"模式,准备下降。

2)操作起车铃,进行下降前的电铃警告。

3)操作"下降"按钮,架车机平稳下降,举升立柱托头落到最低位时,架车机停止下降。

(3)架车结束

1)架车作业完毕,架车机脱离车辆后,通过手轮收回架车机托架,将模式选择开关转到"点动"位,关闭电源钥匙开关并拔出钥匙,关闭总电源,按下急停按钮,进行控制箱遮盖后,架车作业完成。

2)车辆举升完成进行维修作业时,必须按下急停按钮,关闭电源钥匙开关并拔出钥匙,断开电源开关,进行安全停车作业。此外在设备闲置或不用的情况下,必须按下急停、关闭电源钥匙开关,并拔出钥匙,断开电源开关。

3.6.3 限界门

1. 限界门的概述

限界门用于检查检测框所标明种类的地铁车辆,监测地铁车辆制造、安装、调试是否符合车辆技术规格书的要求，确认车辆运行时不与其他设备、建筑发生接触、碰撞，保证车辆及其他设备的安全。

2. 主要结构及特点

限界门主要由主机、立柱、活动门及活动门铰链 4 部分组成，如图 3.6-10。

图 3.6-10　限界门

主机：主机上安装有操作软件，用于设备操作、过程监控、侵限报警及数据记录。

立柱：由左右两立柱组成，用于安装活动门。立柱上装有爬梯，用于限界门的维护与保养。

活动门：可沿立柱 90°摆动，活动门处于工作位时与轨道垂直，处于非工作位时与轨道平行。

活动门铰链：铰链的设计可以满足限界门上、下、前、后的调整，调整范围为 20mm。铰链中的弹簧钢珠定位结构可以保证在工作位置及非工作位置上准确定位。

限界门工作位及非工作位状态见图 3.6-11、图 3.6-12。

图 3.6-11　限界门关闭状态图（工作位）

图 3.6-12　限界门打开状态图（非工作位）

限界门的限界数值由地铁车辆制造厂提供，能准确反映车辆部件限界的超标情况，当列车行驶通过检测框时，若有超标点，该限界门会由于受力而转动位置，提示有超标点。当检测框在工作位置时，要求车辆通过时低速行驶，车速不超过 3km/h。由于整个检测框的转动结构是铰链结构，当铰链定位不好时可调整铰链的转动弹簧，当定位螺钉无法调整时，可更换定位弹簧或钢珠，并在其内加些润滑脂，防止弹簧锈蚀。

限界门依靠传感器、数据采集模块、计算机及配套软件进行工作，当限界检测板由于受力而转动，传感器获得信号，由数据采集模块传入计算机，配套软件循环检测各检测点的状态，对超限点进行记录并发出声光警报。

3．安全注意事项

(1) 操作限界门必须正确穿戴好劳保用品。

(2) 操作前必须先指定一名专门的操作人员，并全面阅读及理解设备所有信息。

(3) 检测作业前，操作人员检查立柱、活动门及活动门铰链是否有明显变形，如有明显变形，禁止过车。

(4) 当发现任何异常情况时，应立即停止过车，关闭电源，并对设备技术状态进行检查。

4．操作要点

(1) 关闭限界门，使限界门处于与钢轨垂直位置，打开控制柜内电源开关，给系统上电。

(2) 打开计算机进入操作系统后，打开限界门操作软件，操作界面见图 3.6-13。

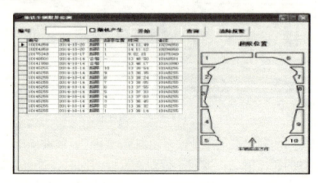

图 3.6-13　操作界面

(3) 在软件界面输入相应编号，点击开始，限界门进入工作状态。

(4) 列车低速行驶通过检测框，若有超标点，系统界面会提示超标点位置，同时蜂鸣器响起，超标点会记录在超标列表中。超限位置显示界面见图3.6-14。

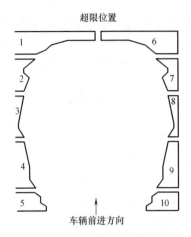

图3.6-14 超限位置显示界面

(5) 按下"清除报警"按钮，消除报警声后即可准备下一次检测作业。

(6) 列车完全通过后，点击停止，完成检测作业。

(7) 检测完成后关闭计算机，断开电源开关。

(8) 关闭限界门，使限界门处于与钢轨平行位置。

4 安全生产及风险源、危险源防范

4.1 安全用电基本知识、触电急救知识

1. 电气安全规则

(1) 南宁轨道接触网的电压等级为 DC1500V,其各导线(如接触线、承力索、馈电线、吊弦等)及其相连部件(如腕臂、定位器、定位管、拉杆、避雷器等)都带有高压电,因此,禁止直接或间接地(指通过任何物件,如棒条、导线、水流等)与上述设备接触。

(2) 当接触网的绝缘不良时,在其支柱、支撑结构及其金属结构上,在回流电缆与钢轨的连接点上,都可能出现高电压,因此,平常应避免与上述部件相接触;当接触网绝缘损坏时,禁止与之接触。

(3) 新线接触网送电前 15 天,轨道公司要把受电日期用书面通知地铁内外各有关单位。各单位在接通知后,要立即转告所属有关人员。自此开始视接触网为带电设备,所需要的作业,均须按带电要求办理。

(4) 需要攀登接触网支柱的电力检修时,要由经过专门训练的人员进行作业。

(5) 在检修电力高、低压线路时,要将线路两端断开电源,并在工作区域两端予以封线接地。

(6) 新架或更换架空线路的导线时,要每隔 1km 将导线实行封线接地。

(7) 在隧道内接触网上工作时,其两端须装良好的接地线。

(8) 对带有 220V 及其以上电压的设备进行工作时,应切断电源,且必须双人作业。设备停电作业时,须派专人负责断电,并悬挂停电作业牌。

(9) 对低压交、直流配电屏和整流器进行带电检修作业时,应使用绝缘良好的工具,站在绝缘垫上或穿绝缘鞋(靴)。

(10) 在电容器上作业前,要逐个充分放电并接地后,方可开始工作。

(11) 切割地下埋设的电缆外皮或打开电缆套管之前,要将断开处两端连通接地,铺设干燥绝缘垫,操作人员需穿高压绝缘鞋,保证人员安全。

(12) 下电缆井作业时,应先通风 15min 以上,并检测危险气体和氧气含量;井下长时间工作应注意通风,室内焊接电缆应注意防火。

(13) 用水或一般灭火器浇灭距离接触网带电部分不足 4m 的着火物体时,接触网必须停电;若使用沙土灭火时,距接触网在 2m 以上者,可不停电。

(14) 用水扑灭距接触网超过 4m 的燃烧物时,可以不停电,但必须注意使水不向接触网的方向喷射,并保持水流与带电部分的距离在 2m 以上。

(15) 在电流互感器二次回路上作业时,二次回路严禁开路,以免产生高电压击穿设备和危及人身安全。

(16) 对高于 36V 电压的设备进行作业时:

1) 使用绝缘良好的工具,穿绝缘鞋(室内应站在绝缘板上)。

2) 不得同时接触导电和接地部分。

3) 作业人员未脱离导电部分时,不得与站在地面的人员接触或相互传递工具、材料。

2. 低压配电安全规定

(1) 电气设备和配电线路的绝缘应良好。裸露的带电导体应该安装在摸不到的地方,否则应设置安全遮栏和明显的警告标志。

（2）电气设备的金属外壳，应根据技术条件采取技术性接地或者绝缘措施。

（3）动力回路和照明回路的配线截面积，铝线不小于 $4mm^2$，铜线不小于 $2.5mm^2$。

（4）电气设备拆除后，电源线的接线端子应做好绝缘处理。

（5）电气设备应设有漏电保护开关或熔断器。

（6）电气设备检修，原则上应停电作业。若需要带电作业，作业前应做好安全防护措施。

（7）低压电气线路地下敷设时，应采用低烟无卤阻燃电缆，地面敷设时可采用低烟阻燃电缆；有特殊要求的场所，应采用低烟无卤耐火阻燃电缆。

（8）低压电气线路在车站公共区内的布线，应敷设在公共区顶棚以上或公共区地下线槽内。

（9）严禁私自改变低压系统运行方式、利用低压线路输送广播或通信信号以及采用"一相一零一地"等方式用电。

（10）严禁私设电网防盗、防鼠等，严禁攀登、跨越电力设施的保护围墙或遮栏。

（11）通信线、广播线和电力线要明显分开，发现电力线与其他线混合布线时，要立即通知责任部门处理。

（12）长时间（24h以上）停用的电器，应拔下电源插头。

（13）移动电缆线应做好保护，防止机械损伤或破损，造成人员触电事故。

（14）在同一线路上尽量只使用一个移动插座，严禁多个移动插座互相串联连接用电设备。

（15）要求选用带开关和保护装置的移动插座。停电时，避免频繁插拔插头，尽量使用开关。如插座长期不使用，应切断电源，收放妥当。

（16）避免长时间在高温或潮湿环境中使用插座；各用电插座应连接牢固，防止松脱造成接触不良。

（17）使用电器时，应先插入插头，再开启电源开关。使用完毕后，须先关掉电源开关，再拔下插头。

（18）室外露天场所应使用防水灯具和开关，爆炸危险场所应使用防爆灯具和开关。

（19）使用电热器具，应与可燃物体保持安全距离，人离开时应断开电源。照明灯具下方禁止堆放可燃物。

（20）发生电气火灾时，应先断开电源，再使用专用灭火器灭火；严禁使用水、泡沫灭火剂。

（21）安全电压要采用隔离变压器提供电源，禁止使用自耦变压器、分压器、半导体整流装置提供电源。

（22）工作在安全电压下的电路，必须与其他电气系统和任何无关的可导电部分实行电气上的隔离。

（23）发现有人触电，严禁赤手接触被触电人的裸露部位。

（24）发现用电设备异常、有焦味要立即断电检查，及时处理，严禁带故障运行。

（25）操作空气开关、闸刀开关等高压带电开关时，身体应尽量避免正对开关。

3. 触电急救知识

（1）使触电者迅速脱离电源。发现者迅速把就近电源开关关闭或用绝缘钳、木柄斧切断电源线，或用绝缘物将触电者与带电体分离。

（2）在切断电源的同时，要考虑触电者脱离电源后防止摔伤的措施。

（3）若触电者脱离电源后停止呼吸，发现者应就地迅速对触电者实施人工呼吸，同时拨打120求救电话。

4.2 空气压缩机、压力容器安全注意事项

1. 空气压缩机安全注意事项

（1）各防护罩未装好之前，不得操作此空压机。

(2) 当空压机在运行时，不得拆除各种盖帽，松开或拆除任何接头或装置；不得调整任何压力元件。

(3) 空压机运行时，不得随意触摸带有高温警示标志的设备。

(4) 一旦有压力通过安全阀释放，须立即停止运行，查明造成压力过高的原因。原因没查明和故障没处理之前，不得运行此空压机。

(5) 紧急停机后，故障没排除之前，不得运行此空压机。

2. 压力容器安全注意事项

(1) 压力容器操作安全注意事项

1) 压力容器操作人员要熟悉本岗位的工艺流程、有关容器的结构、类别、主要技术参数和技术性能，严格按操作规程操作。掌握处理一般事故的方法，认真填写有关记录。

2) 压力容器操作人员须取得质监部门统一颁发的《压力容器操作人员证》后，方可上岗工作，对工作中发生的异常情况应及时处理，并向上级汇报。

3) 压力容器严禁超温、超压运行。实行压力容器安全操作挂牌制度或采用机械连锁机构，防止误操作。

4) 压力容器要平稳操作。压力容器开始加载时，速度不宜过快，要防止压力突然上升。高温容器或工作温度低于 0℃ 的容器，加热或冷却都应缓慢进行，尽量避免操作中的压力频繁和大幅度波动。

5) 严禁带压拆卸压紧螺栓。

(2) 使用压力容器时应注意的事项

1) 经常检查安全装置、附件、辅助设备及控制装备，以确保这些设备能发挥正常效能。

2) 检查所有配件是否安装妥当，接口有无渗漏。

3) 压力容器的使用压力不能超过压力容器的最高工作压力，以保证压力容器的安全运行。

4) 经常检查安全阀、压力表有无失效，有无按规定送校验。

安全阀每年至少校验一次,正常压力表每半年校验一次。新安全阀在安装之前,应根据压力容器的使用情况,送校验合格后,才准安装使用。

5) 压力容器最高工作压力低于压力源压力时,在通向压力容器进口的管道上必须装设减压阀。

6) 压力容器内部有压力时,不得进行任何修理。对压力容器的受压部件进行重大修理和改造,应符合《压力容器安全技术监察规程》和有关标准的要求,并将修理和改造方案报当地特种设备安全监察部门审查,经同意后,方可施工。

4.3 起重机械安全操作注意事项

1. 在操作前,确认起吊重物不超过起重机规定的最大起重量。

2. 司机必须按照起重机指挥人员的指挥信号进行操作,严禁起吊物件在人头上越过。地面工作人员必须佩戴安全帽,对紧急停车信号,不论何人发出,都应立即执行。

3. 如在停电期间起重机吊钩上有重物时,司机和指挥人员应设置警戒线,要警戒任何人不准在重物下方通行。

4. 起重机起升重物或放下吊具时,司机不得离开。

5. 不准在运行过程中进行调整和维修。维护保养时必须切断电源并挂上标志牌或加锁。

6. 禁止利用起重机吊运送或起升人员。

7. 起重机不带负荷运行时,吊钩必须升起至安全高度(至少超过 2m)。

8. 起重机带重物运行时,重物必须升起,至少要高于重物运行路线上的最高障碍物 0.5m。

9. 起吊重物时,必须垂直起升重物,禁止斜拉斜吊。

10. 工作停歇时,不得将重物悬在空中停留。

11. 在起升液体金属、有害液体或重要物品时,不论重量多少，均必须先起升 200~300mm，验证制动器灵敏可靠后，再正式起升。

12 起重机司机要做到"十不吊"。

(1) 被吊物体超载或重量不清不吊；

(2) 埋置物体不吊；

(3) 捆绑吊挂不牢不吊；

(4) 被吊物体上有人或浮置物不吊；

(5) 工作场地昏暗不吊；

(6) 有爆炸可能性的危险品不吊；

(7) 指挥信号不明或非起重指挥人员指挥时不吊；

(8) 吊车吊重物直接进行加工时不吊；

(9) 带棱角、刃口物件未垫好时不吊；

(10) 斜拉物体不吊。

4.4 蓄电池叉车和内燃机叉车安全操作注意事项

1. 操作者必须经过专门培训机构培训考试合格并取得驾驶叉车操作资格证。使用前必须阅读本车使用说明书，并熟练掌握叉车的操作要领。

2. 操作者所持有驾驶叉车操作资格证必须在有效期内，驾驶证过期未年审的，不得驾驶蓄电池叉车。

3. 操作时，操作者要按要求穿戴好劳动防护用品（穿工作服和护趾工作鞋、戴安全帽等），要遵守叉车安全操作规程和叉车操作及保养手册的要求。

4. 操作者应向钥匙保管人（调度）借钥匙并填写《厂内机动车使用申请登记表》，同时出示操作证。未经许可，严禁私自操作。作业完成后将钥匙归还给钥匙保管人（调度）并在《厂内机动车使用申请登记表》填写车辆状态。严禁把叉车交给无证人员驾驶。

5. 操作者应爱护叉车，操作前、后对其进行日常的保养与清洁。

6. 操作者必须熟悉叉车的性能，严禁不按叉车操作规程使用。

7. 切勿让叉车的电量耗尽至叉车不能动时，才进行充电，这样会使蓄电池寿命缩短。当剩余电量至30％时就要对叉车进行充电。

8. 蓄电池内部会产生爆炸性气体，绝对禁止火焰、火花接近蓄电池，否则会引起爆炸。

9. 蓄电池带有高电压互和能量，切勿让工具接近蓄电池两极，以免引起火花或短路，造成人员伤害。

10. 叉车驾驶室只允许司机一人乘坐，禁止载人。保持头、手、臂和脚在驾驶室内，无论什么理由都严禁伸出室外。

11. 禁止在工作台面放置物件。

12. 操作时，如发生故障，必须停止作业，并报设备检修调度，在修复完成并确认合格后，方可操作。

13. 在风沙、下雪、雷电、暴雨、台风等恶劣气候条件下，不宜库外使用蓄电池叉车。

14. 在使用蓄电池叉车时，操作者应先检查将要行驶的路面，检查洞口、陡坡、障碍物、突起点以及可能引起失控、颠簸等路况；应确认道路要求符合《厂矿道路设计规范》GBJ22—87中蓄电池车道主要技术指标。